書下ろし

ココ・シャネルの「ネットワーク」戦略

西口敏宏

祥伝社黄金文庫

はしがき

ココ・シャネルの名を知らなくとも、シャネルと言えば誰もが知っているブランドでしょう。2つの「C」を組み合わせたロゴマークは、多くの女性のあこがれであり、それを身に着ける人のステータスシンボルになっています。

シャネルの創業者であり、歴史に名を残す女性クチュリエ（ファッションデザイナー。フランス語の女性形はクチュリエールですが本書ではクチュリエとします）がココ・シャネルです。彼女のデザイナーとしての功績や、ドラマチックな恋愛は、数多くの評伝や小説、映画、舞台などで描かれてきました。

死後40年以上を経た現在においても、彼女の自立心、強い意志、自由な恋愛、創造力などは、シャネルブランドの製品以上に人々に影響を与えています。彼女の生き方自体が多くの女性のあこがれであり続けているのです。いいえ、あこがれだけには止まりません。実際にココ・シャネルの生き方に影響を受け、幸せや成功の原動力とした女性も数多くいます。

ここで、もともとは社会学を学び、現在ネットワーク論を研究している経営学者の私がなぜココ・シャネルについて書くのかを、簡単に説明しましょう。

彼女についての書籍は、日本だけでも絶版を含めこれまで40冊以上出版されています。私の手元にも、海外で出版された文献を含めて20冊以上の書籍があります。しかし、ほとんどの「シャネル本」は、ファッション評論家や、伝記作家の視点で描かれたものです。シャネルのデザイナーとしての才能やその華麗な人脈について記されているものの、なぜ彼女があれほどの成功をおさめることができたのか、そして華麗な男性遍歴がその成功に果たした本当の役割について分析されているものはほとんどありません。

私はココ・シャネルの生き方を詳しく知るほどに、驚きを禁じ得ませんでした。単に女性に勇気を与える、鼓舞させるだけではなく、人が成功するための戦略をいくつも見つけました。とくに、その人脈開拓術は最新のネットワーク理論の知見を先取りするものでした。そしてすべての現代人に必要な生き方の知恵が彼女の人生に凝縮されていることを確信したのです。

ですから、この本は女性だけでなく、男性にも役立つ内容になっています。もちろん、シャネルブランドに興味のない人でもまったく構いません。

この本をお読みいただければ、シャネルについて次のことを理解できるでしょう。

・なぜ孤児であったココ・シャネルが一流のファッションデザイナーになれたのか？
・彼女はなぜ一流の芸術家や大貴族、政治家たちと交流できたのか？
・多くの男性と交際した意味は？
・2つの大きな戦争をくぐり抜け、さらに成長できた原因とは？
・彼女が生涯一流デザイナーであり続けられた理由は？

そして、この本を読まれた人にとっては、次のようなノウハウが仕事をはじめ人生全般で応用できるようになるでしょう。

・不遇な環境から這《は》い上がる方法
・自分にとって役立つ人脈の作り方
・黙っていても良質な情報を手に入れる技術
・人生を上昇させる恋愛テクニック
・精神と実利のバランスをとりながら成功する方法

・危機に陥った際の回避術

まずは、ココ・シャネルについてよく知らない人にもわかるように、彼女のすごさ、そして成功の秘訣について、私の研究分野「ネットワーク論」とからめて、序章で簡単に紹介していきましょう。

西口敏宏《にしぐちとしひろ》

目次

2章「ビジネスを飛躍的に成長させる」技術

1910年（27歳）から1919年（36歳）

3章「人生を爆発的に充実させる」技術

1920年（37歳）から1939年（56歳）

4章「動乱の時代を生き抜き、復活する」技術

1940年（57歳）から1971年（87歳）

5章　2つの図でシャネルのネットワーク戦略を理解する

本文装丁／中原達次
イラスト／武蔵雄司

序章

ココ・シャネルに学ぶ「ネットワーク」戦略

才能や努力を超えた驚くべき幸運

今でこそ、多くの人に華麗なイメージを与えるシャネルの名ですが、彼女はフランスの片田舎、労働者階級の家に生まれています。本名はガブリエル・ボヌール・シャネル。父親や祖父は女癖の悪い行商人で、出かけた先々で口説いた女性を妊娠させては逃げることを繰り返す、一言で言うと「ろくでもない男たち」でした。

しかも、彼女は満11歳のとき、母親が亡くなると父親に捨てられるように孤児院へ入れられてしまいます。もっとも恵まれない部類の子供だったと言ってもよいでしょう。

こうした生まれのシャネルが、のちに超高級クチュリエの女王となり、セレブリティの筆頭に挙げられるような女性になれたのはなぜでしょう。才能？　努力？

とうてい一個人の才能や努力といった要素だけでは、説明がつきません。ある程度の人生経験を経ている読者ならご存じでしょうが、才能や努力のみで成功できるのはマンガの主人公ぐらいです。

しかも、現在ならまだしも、シャネルの時代は男女差別も激しく、女性がひとりで金を稼ぐこと自体がまったく社会の前提にはなかったのですから。

実際、ココ・シャネルは、驚くべき幸運としか考えられないプロセスを経て成功していきます。多くの人にとっては不幸でしかない、恋人との死別、そして戦争までもが彼女の成功に味方し、さらに時代の流れ自体が彼女につき従っていくように見えるのです。

シャネルの成功はビートルズの偉大さに匹敵

シャネルの偉業は、ある意味でロックバンドのビートルズが世界に与えた衝撃に近いのではないでしょうか。

イギリスのリヴァプール出身の4人の若者（ジョン・レノン、ポール・マッカートニー、ジョージ・ハリスン、リンゴ・スター）がビートルズを結成、1962年にデビューするやいなや、またたく間に成功し世界の音楽シーンを一変させました。彼らもシャネルと同じく、最初は無名の労働者階級の出身でした。

その現役時代を知る人はもちろん、彼らの活躍を生で見ることがなかった若い世代も彼らの歌を口ずさみ、多くのアーティストが直接的、間接的に影響を受けています。ビートルズは後にも先にも超えるものはない、文字通り伝説のバンドなのです。

ビートルズに匹敵するような衝撃と影響力をファッションの世界で、しかもたったひとりで作り出したのがココ・シャネルです。シャネル以前と以後では、単にファッション、モードだけでなく、女性の働き方、生き方が変わりました。そういった偉大な革命をなし得たのがシャネルなのです。

シャネルがビートルズよりも偉大な点は、大衆文化と高級文化（ハイカルチャー）の両方を変えてしまったことにあります。労働者階級が成功するパターンというのは、たいていが大衆相手の商売です。ビートルズも同じです。

自分が大衆のひとりであったから、大衆の気持ちがわかる、心がつかめる。広く薄くお金を集めて大金持ちになることができる。トヨタにしろユニクロにしろ、今儲《もう》かっている企業は市場を大衆に広げることで成功してきました。

しかし、シャネルの場合は、大衆文化を創ったというより、貴族やブルジョアのものだったハイカルチャーを根底から変えてしまった。今でこそ、多くの一般大衆がクラシック音楽を楽しむように、ハイカルチャーと大衆文化の線引きは曖昧《あいまい》になっていますが、シャネルが世に出ようとしていた時代はまだ階級による文化の違いが厳然としてありました。

そんな時代にもかかわらず、シャネルはハイカルチャーの世界を自分の思うように切り拓《ひら》き、最終的には庶民のあこがれのブランドとなっているのです。

もちろん、大衆文化よりハイカルチャーの方が偉いということではありません。社会の底辺にあった彼女が、それまで貴族階級が担ってきたようなカルチャーを変革した、その困難さをはっきりと認識しておくべきなのです。

シャネルの成功の秘密は「人間関係」にあった

本や映画でシャネルの人生について知ると、よし自分も頑張ろうと思う人は多いでしょう。伝記の役割とはそういうものです。自分の才能を活かせば成功できる、努力すれば成功できる、そう多くの人が励まされるでしょう。

しかし、現実はどうでしょうか。才能に恵まれた人は、この世に思った以上に多くいます(あなたにも必ず何らかの才能があるはずです)。そして、努力している人も数限りなくいます。しかし、世の中で成功したと世間から認められる人はごく一部です。才能があれば、努力をすれば成功できるというのは、一種のファンタジーでしょう。

シャネルにはもちろんデザインの才能がありました。そして努力もしています。しかし、彼女と同程度もしくはそれ以上の才能があった、それ以上の努力をした人も、彼女と同時代にごまんといたはずです。ところが、なぜ彼女だけがここまで歴史に残る偉業をなしたクチュリエとして君臨することができたのか。

その秘密は、「人間関係」にあります。

ピカソとゴッホの運命を分けたもの

シャネルの友人でもあったパブロ・ピカソも「人間関係」によって成功した人物です。ピカソが〝天才画家〟という評価だけでなく大富豪になれたのは、パトロンや支持者、有力な画商やプロモーターなどが次々に現れ、彼を助けたことが最大の理由です。

それに対して少し時代は違いますが、フィンセント・ファン・ゴッホという画家がいます。知名度ではピカソにも引けをとらないでしょう。バブル当時の日本企業が58億円で購入したことでも話題になった『ひまわり』のような傑作を残しました。

ところが、ゴッホの才能、作品は生前に評価されることはありませんでした。彼の人生は貧困と絶望に満ち、最期は37歳の若さで自殺してしまいます。今でも「芸術家＝貧乏」というイメージが強いのは、ゴッホによるところが大きいでしょう。

ゴッホは人づきあいが非常に苦手で友だちもおらず、親との確執もひどかった。コミュニケーションに障害が生じるアスペルガー症候群だったとする説もあります（もちろん、ビル・ゲイツ、スティーブン・スピルバーグなど、アスペルガー症候群とされる著名人は多く、成功できない決定的な理由ではありません）。ピカソのように自分やその作品を引き立ててくれる知人、友人が残念ながらいなかった。

それでもゴッホが多少は世間で知られていたのは、比較的社交的な弟テオドルスが画商をしていて、唯一社会との接点になっていたからです。この弟がいなければ、ゴッホの存在すらわれわれは知らなかったかもしれません。

ピカソとゴッホの違いを決定づけたのは、まぎれもなくこの対照的な人間関係でしょう。もちろん社会的な成功と、どちらが画家として優れていたのかとはまったく別の次元の話です。

ネットワーク能力といわゆる社交性は別

人間関係を上手く築く力が「ネットワーク能力」です。必要なときに必要な人とつながる能力と言ってもいいでしょう。ピカソは優れたネットワーク能力により、同時代のフランスのサロン文化、社交界を徹底的に利用することで、支持者を増やし、名を高め、経済的な利益を勝ち得ました。ビジネス的な成功だけでなく、愛人もたくさんいた。今でいう「リア充」だったのですね(「リア充」とはインターネットから生まれたスラングで、仕事や恋愛、友人関係など現実生活「リアル」が充実している人を指します)。

こう書きますと、「自分は社交的ではないから無理だ」「人に好かれようとするのは面倒」という反応を示す人がいます。

しかし、ネットワーク能力があることは必ずしも、性格が社交的であること、人から好かれることとイコールではありません。ピカソは、すごく自己中心的な性格だったようです。身勝手さ、傲慢《ごうまん》さゆえに、彼を嫌っていた人も多かった。

シャネルにも同じような面がありました。とくに30歳代以降の、ビジネスが軌道に乗り始めて以降は、他人の意見を聞かない、お針子を怒鳴りつけるといった傲慢さが見られるようになり、しかも晩年に近づくほど酷くなってきました。

シャネル自身、「自分には傲慢さがあり、それゆえに非社交的な人間だ」と認めているのです（この言葉には傲慢で非社交的ゆえに独立心を持っていたという意味が込められていましたが）。それにもかかわらず、ピカソもシャネルも、自分にとって必要な人をかぎ分けて利用するネットワーク能力に長《た》けていました。

ネットワーク能力は、友だち、知人の数の多さでもありません。ゴッホが弟を通じて世間とかろうじてつながり、後世に名を残したように、知人が限られていたとしても、その人が世間に強い影響力を与えられるような人物であれば、成功できる確率は高まります。

幼稚園などの卒園式で歌われる童謡『一年生になったら』（まど・みちお作詞、山本直純作曲）には、「ともだち100人できるかな」というフレーズがあります。生徒数のよほど少ない学校でもなければ、軽く知っているという意味で100人の友だちを作るのは難しくはないでしょう。成長するにつれ仲の良い友だちは限定されていきますが、知人の数は増えていきます。成人していれば知人は1000人を大きく超えていっても不思議ではありません。職種によっては、数千、数万という数の名刺を交換しているでしょう。

しかし、実際に交際を続けている人、自分の力になってくれる人は、そのうちわずかではないでしょうか。やみくもに知人が多く、名刺交換の数が多くても意味はありません。必要なのは数ではなく、その質であり関わり方なのです。

また、社交的か内向的かは、性格によるところも大きいでしょう。今、自分のまわりを見ても、社交的だけれども著しく成功しているとは言えない人、性格は内向的だけれども世間から評価されている人がいるはずです。自分は社交的じゃないから成功していない、成功できないと落ち込む必要はまったくないのです。

世間が狭い理由

成功する人間関係はつながりの数ではなく質がカギとなります。その理由を、「ネットワーク論」を使って簡単に説明してみましょう。

近年、広く知られることになったネットワーク理論のひとつに「6次《ろくじ》の隔《へだ》たり」（six degrees of separation）があります。世界のどんな人にでも、知り合いを次々に紹介してもらえば、6人目にはたどり着けるという仮説です。テレビなどで実際に何人を経て目的の人につながることができるかが実験されたこともあります。現実に、誰もがアメリカ大統領や、アフリカの奥地にいる無名の人に5人の紹介でたどり着けるかはともかく、世界は人が思っているよりも狭いという「スモールワールド現象」を説明するときによく使われます。

スモールワールド現象とは、日本で言う「世間は狭い」と同じ意味です。偶然に出会った人と話をしていて、共通の知人がいることがわかった。そういう経験をしたことはないでしょうか。「いやぁ、世間は狭いですねえ」などと驚きの感想を漏らすものですが、これはネットワーク理論によって解明されている現象なのです。

たとえば、アメリカ大統領につながることを考えてみてください。まず誰に連絡を取るでしょうか。アメリカ政府に直接のコネを持っているのでもなければ（それが大多数のはずです）、アメリカに住んでいる知人、日本の国会議員、外務省の関係者もしくは彼らを紹介してくれそうな誰かあたりを考えると思います。普段から連絡を密に取っている間柄でないことも多いでしょう。

普段のつきあいはないが、知人ではある。これを「遠距離交際」と言います。物理的な距離は関係ありません。同じ日本に住んでいても、同じ区内に住んでいても、日常的な接触がなければ、また職業などの属性が自分とは異なっている場合も、遠距離交際と定義します。

反対に、日常的につきあっている人々は「近所づきあい」と呼びます。同じ会社の同僚、学生であればクラスメイト、家族、よく会う親戚などは典型的な近所づきあいです。さて、先ほどのアメリカ大統領につながろうとしたとき、自分が普段からアメリカの知人や国会議員、外務省との接点を持っていないのであれば、まず探そうとする知人は遠距離交際であることが多いのではないでしょうか。この、普段からつきあっていない人に連絡を取ること、またそういった人を紹介してもらうことを「リワイヤリング」と言います。日本語にすると、つなぎ直す、新しくつなげる、という意味です。ココ・シャネルの人生において、重要なキーワードとなるので覚えておいてください。

うまく「リワイヤリング」できる人ほど成功する

何度も言うように、ネットワークでは数ではなくつながり方（質）が重要です。ですから、知人の絶対数が必ずしも多くなくとも「スモールワールド現象」は起こりえます。たとえば、1000人の知り合いがいて、そのすべてが勤めている会社の社員である人よりも、100の会社に1人ずつ知り合いがいる人の方が「顔の広い人」であり、世間の狭さを実感できるはずです。

社内の人脈に長けていれば、その会社で出世はできるかもしれません。社内での調整能力という点では、いわゆる「根回し」できることが（とくに日本社会では）重要です。しかし、本質的な意味で良い仕事ができるのは、広く業界、社会とコミュニケーションができて、外からも情報を得ることができる人であり、結局は会社にとっても有用な人材ではないでしょうか。

定年退職までの数十年が安泰という企業や業界は、この先ほとんどないでしょう。これは、民間企業だけでなく団体職員でも公務員であっても同様です。ですから社内政治にだけ長けていても、ほとんど意味がなくなります。従来以上に、所属する組織の外部にネットワークを張り巡らせていくことが重要になってくるでしょう。もっともわかりやすいのは、転職です。社内の人脈重視の社員と、外部に多くの人脈を持つ社員とでは、より転職の成功率が高いのは後者でしょう。

これまで以上に、リワイヤリングの能力が成功には欠かせなくなってきているのです。

天才の発想は真似できないが、行動を分析し真似ることは可能

さて、シャネルの成功は、天才性にあったのでしょうか。結果だけ見れば、まさに彼女は天才であったと言えるでしょう。

しかし、天才がたぐいまれなる才能、生まれ持った資質であるならば、われわれには真似ることができません。簡単に真似できないからこそ天才と呼ばれるのでしょう。

また、「努力」や「根性」が強調されることも多いです。シャネルに限らず、多くの偉人伝では、その人がいかに努力したかが描かれています。「偉い人はこんなに努力したのだから、君たちも頑張れ」というわけです。しかし、これも罪作りな面があるでしょう。努力したからと言って必ずしも報われるとは限らないからです。頑張らないよりは良いでしょうが、それだけで成功できるほど甘くはないのです。

とくに、今日のような経済環境においては、努力に努力を重ねて、心身ともに疲弊してしまう人も少なくありません。鬱《うつ》病になってしまう人や自殺者のほとんどは、限界まで頑張ってもなんともならなかった人ではないでしょうか。

生まれ変わるのでもない限り天才にはなれませんし、努力それ自体は成功の理由にはなりえません。しかし、天才、成功者の行動パターンを分析し、自分の生き方に応用することは可能です。とくにシャネルの成功の秘密であるネットワーク能力は、難しいことではありません。誰にでも真似できるスキルなのです。

この本では、シャネルの人生をたどり、彼女のたぐいまれなネットワーク戦略を明らかにしていきます。キーワードは、リワイヤリング。そして、リワイヤリングによって近所づきあいと遠距離交際のバランスをとることです。そのスキルを少しでも取り入れられれば、これからの人生を大きく切り拓くことができるはずです。

1章
「過酷な環境から抜け出す」技術

1883年(生誕)から1909年(26歳)

最下層の家に生まれる

1883年8月19日、フランス西部のソミュールでガブリエル・ボヌール・シャネルは生まれました。ソミュールは、首都のパリから300キロほど離れた田舎町です。

彼女は、女たらしの行商人アルベールと母ジャンヌの2番目の娘として誕生します。そのとき両親は結婚しておらず、シャネルはかろうじて父親に認知されただけでした。

兄弟は5人。姉のジュリア、妹のアントワネット、それにアルフォンスとリシュアンという2人の弟がいました。6番目に生まれた男の子は幼くして亡くなっています。

行商人という職業柄、そしてあちらこちらに愛人を作っていた父親は、めったに家には帰ってきません。帰ってくるのはお金を必要としたときか、他の女とトラブルを起こしたときぐらいというありさま。一方、母親はといえばまったくの無学で、夫に一方的に好意を持つのみ。男に振り回されてもついていく、典型的な自立できていない女性です。そうは言っても、夫が家にお金を入れてくれないので、他の家で洗濯や炊事を手伝って得た僅《わず》かな収入でなんとか子供たちを食べさせていました。

現在でも親の収入などの格差が子に強い影響を与えることが問題視されていますが、この当時は職業の選択の自由などはほとんどなく、親と同じような生き方をたどるのがあたりまえでした。実際シャネル家の場合、職業もそうですが何人かの子供たちには異性にだらしない性格が引き継がれます。

姉のジュリアは成人すると、母親と同じように行商人と結婚し若くして亡くなります。弟2人はやはり父親のように行商人になり、アルフォンスは結婚していたにもかかわらず、他の女性を妊娠させ、その子供は救済院で私生児として産み落とされます。

母の死、孤児院へ入れられる

シャネルが満11歳のとき、母親ジャンヌは悪性のぜんそくが原因で亡くなります。33歳でした。父親のアルベールには、子供たちを養育するような甲斐性や責任感はなく、5人の子供たちはバラバラになってしまいます。

2人の弟たち、9歳のアルフォンスと5歳のリシュアンは、慈善団体を通して農家に里子に出されます。今で言う養子のような制度ですが、実態は悲惨なものでした。孤児を引き取る農家は非常に貧しく、慈善団体から支給されるお金と孤児の労働力が目当てでした。里子に出された孤児たちは、最低限の食事こそ与えられるものの、徹底的にこき使われるのです。寝る場所は家ではなく馬小屋、山羊などを放牧する季節になると家畜ともども山に追いやられてしまう。幼いアルフォンスとリシュアンも徹底的に搾取されます。そして、こうした里子は13歳から16歳ぐらいになると契約が解かれて、家から放り出されてしまう。当然学校には通わせてもらえませんから、できる仕事は限られてきます。アルフォンスとリシュアンも13歳になり農家を追い出されると、父親と同じように行商人になるほかありませんでした。

一方、シャネルと姉のジュリアは、父親の馬車でフランス中部にある村、オバジーヌに連れて行かれ、修道院が併設する孤児院に入れられます。ここでシャネルは7年近くを過ごすことになります。孤児院といっても、本当に両親のいない子供だけではなく、シャネルのように親の貧困や病気などを理由に入れられる子も多くいました。ですから、休日には子供に会いに来る親もいました。しかし、シャネルたち姉妹の父親は2度と姿を見せることはありませんでした。ちなみに、妹のアントワネットは、まだ幼かったためか親戚にあずけられていたようです。

後年、シャネルは孤児院にいたことなど、出自を正直に語ることはありませんでした。「実家は裕福なブドウ農家だった」「父は教養があり、アメリカでビジネスをしていた」など、生まれ育った環境については嘘で塗り固めていたほどです。それだけシャネルにとってひた隠しにしたい過去でした。当時は家柄を今より重視する時代だったこともあるでしょうし、高級服飾店、シャネルのブランドが傷つくと考えていたのかもしれません。現在でこそ、不遇な環境から立ち直り、成功するのは賞賛の対象ですが、当時はまだ孤児院の出ということが著しくネガティブなイメージだったのでしょう。

孤児院で裁縫の技術、シンプルな価値観を学ぶ

孤児院に入れられたことにより、シャネルの生活環境、とりまく人間関係は大きく変わります。週末になると、他の孤児たちに親が面会に来ることをうらやましく見ていたシャネルですが、ダメな親との関係が断ち切れたことは、後の人生を考えると良いことだったのかもしれません。

仮に中途半端に父親との関係が保たれていたら、彼女の人生に大きな飛躍はなく、両親

と同じレベルの貧しい生活を送った可能性も高かったはずです。

シャネルは孤児院でカトリックの非常に厳格な教育を受けますが、これも人生に良い影響を及ぼしました。もちろん、孤児院にいることで差別された経験もあったでしょう。社会に対する恨みも感じなかったはずはありません。しかし、シャネルがクチュリエとして成功するうえで、欠かせないいくつかの能力は孤児院時代に獲得したものです。

ひとつは、手に職をつけたこと。裁縫の技術なしには、後にクチュリエになるきっかけをつかむことはなかったでしょう。

もうひとつは、シスターたちに厳しく育てられカトリック式の規律正しさを身につけたことです。成人してからも彼女は夜9時に寝て、朝は7時に起きる規則正しい生活を続けました。作家のジャン・コクトーが「尼さんのようだ」と評したほどです。贅《ぜい》を尽くした生活、デカダントな生活を送る貴族などお金持ちを相手にドレスを作るようになり、自分自身が莫大な富や名声を得ても、彼女はそれに溺《おぼ》れることはなかった。孤児院で身につけた自己規律の強さが、さらに大きな成功をつかむベースにあったと言えます。

また、生活習慣だけでなく、礼儀作法や言葉遣いなどもある程度は孤児院でしつけられました。だからこそ、上流階級の人とつきあうことができたのです。

そこは、家畜同然の扱いを受ける農家にあずけられた弟たちとは決定的に違うところです。弟たちは学校にも通わせてもらえず、農民の間で話されるアクセントでしか話せなかった。また、字は書けるには書けたが、最下層の農民が書く、フランス人なら一目でそれとわかるような丸文字しか書けなかった。シャネルは教養とまでは言えないまでも、最低限の基本的な教育は受けることができた。ここは大きな違いです。

さらに、彼女のデザインにも孤児院での生活が大きく影響を与えています。ロマネスク調の修道院の建物は白と黒を基調としていました。建築だけでなく、家具調度や修道女の服や生徒の制服だったボックススカートも白と黒のツートンカラー。そのシンプルさは宗教的な価値観、美意識の反映なのでしょう。官能に訴えるデザインではなく、言葉の深い意味でバランスの良い普遍的な美的感覚、それを幼いシャネルは無意識に吸収しました。

その価値観は、当時上流階級の間で流行《はや》っていたものとは正反対でした。19世紀末から20世紀初頭まで、パリでは「ベル・エポック」と呼ばれる非常に華やかな文化が華開いていました。建築や家具調度、料理、ファッションなどあらゆる分野で過度な装飾が好まれていたのです。ファッションも多色で派手なものが豊かさの象徴として人気でした。後にシャネルは、白と黒を基調としたスーツ、シンプルなデザインでベル・エポックの時代を終わらせます。シャネルが追い落とすポール・ポワレというモード界の帝王を最後にベル・エポックの時代は終焉《しゅうえん》を迎えるのです。

仮にシャネルが上流階級に育ち、そうした時代の流行に浸っていたら、修道院風の白と黒を基調とした服をデザインすることはなかったでしょう。社会から隔絶された環境で育ったからこそ、時代の変化に新たな価値観を提示することが可能だったのです。

もっとも親しい「近所づきあい」——叔母アドリエンヌとの関係

孤児院にいられるのは18歳までと決まっていました。修道女を目指す人以外は孤児院を出なくてはなりません。18歳になったシャネルは修道女になることを選ばず、ムーランの寄宿学校に入ります。親元から離れて寮生活をする寄宿学校ですが、裕福な家庭の子弟とシャネルのような貧困ゆえに入ってきた子供たちは分けられて教育されていたようです。寄宿学校にはすでに姉のジュリアがおり、後に妹のアントワネットも入学してきます。

この時期、後にシャネルの人生に大きな役割を果たす人物と仲良くなります。それが、同い年の（1つ年下という説もあります）叔母アドリエンヌです。アドリエンヌもシャネルと同じ寄宿学校で学生生活を送ります。

アドリエンヌは、シャネルの祖父がかなり高齢になってから作った娘で、シャネルの父の妹、つまり叔母さんにあたります。アドリエンヌの19歳年上の姉ルイーズは鉄道員と結婚して近くに住んでいました。当時の鉄道員といえば官僚に匹敵する安定した職業です。シャネル一族にしては裕福な家庭です。ルイーズは、機会あるごとにシャネルやその姉妹を家に招き、アドリエンヌと一緒に生活させます。アドリエンヌはシャネルにとって叔母ではあったけれど、年齢からすると従姉妹《いとこ》のようなものでした。ルイーズ叔母さんの家で、そして寄宿学校の生活で、シャネルはアドリエンヌと一生続く緊密な友情をはぐくみます。

姉のジュリアは結婚し、若くして亡くなってしまいますが、この時期を共にした妹のアントワネットと叔母のアドリエンヌには、その後シャネルが新たに店を出すたびに手伝ってもらうことになります。

1909年にパリのカンボン通りに最初の店を出したときはアントワネットを呼び寄せます。2人とも歌が好きだったので、客が帰るとすぐに歌い出す。雇われていた帽子職人は驚くやら呆れるやら。今や超高級ブランドのシャネルも、最初は文字通りアットホーム

①幼少期〜思春期（0〜18歳）

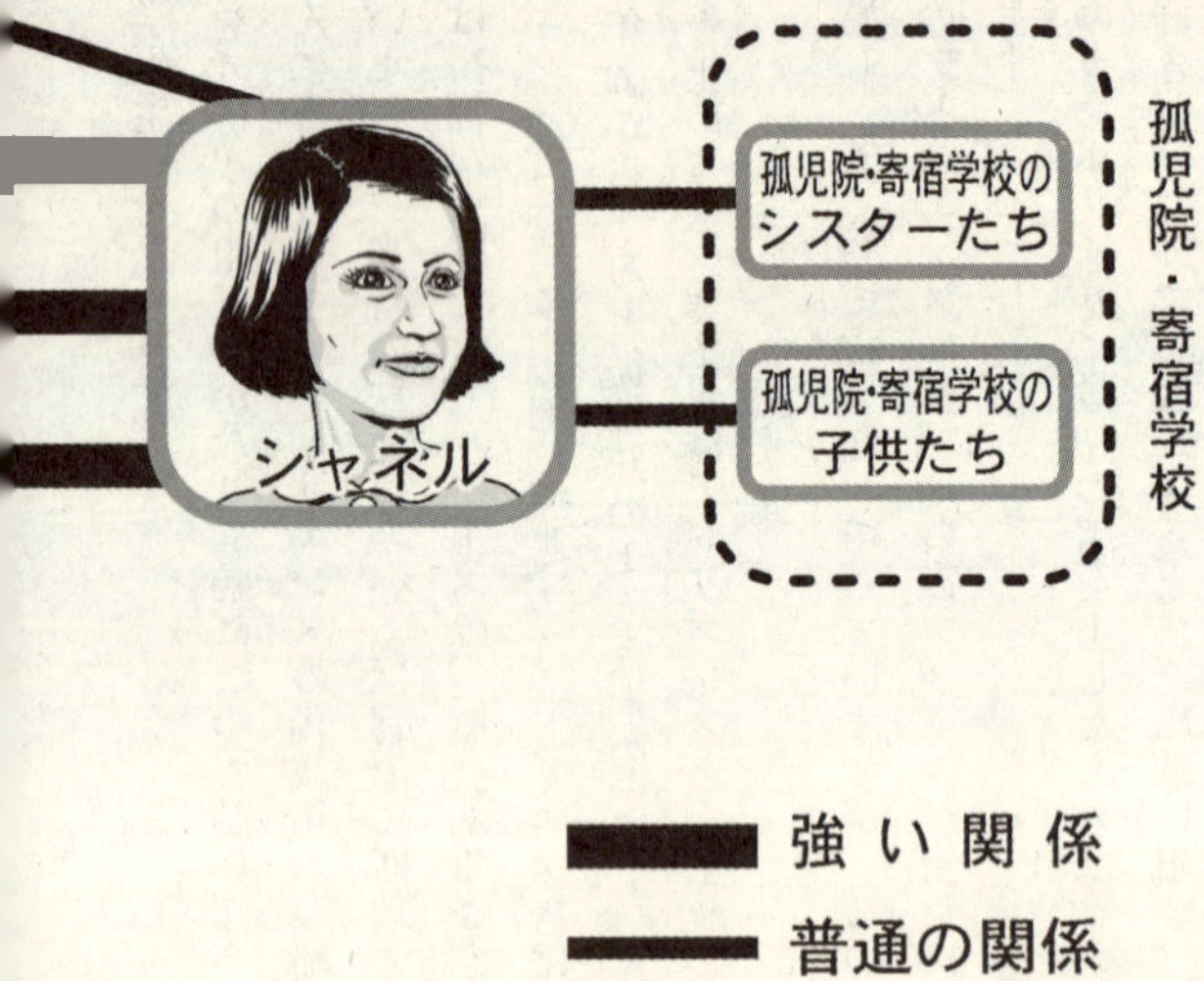

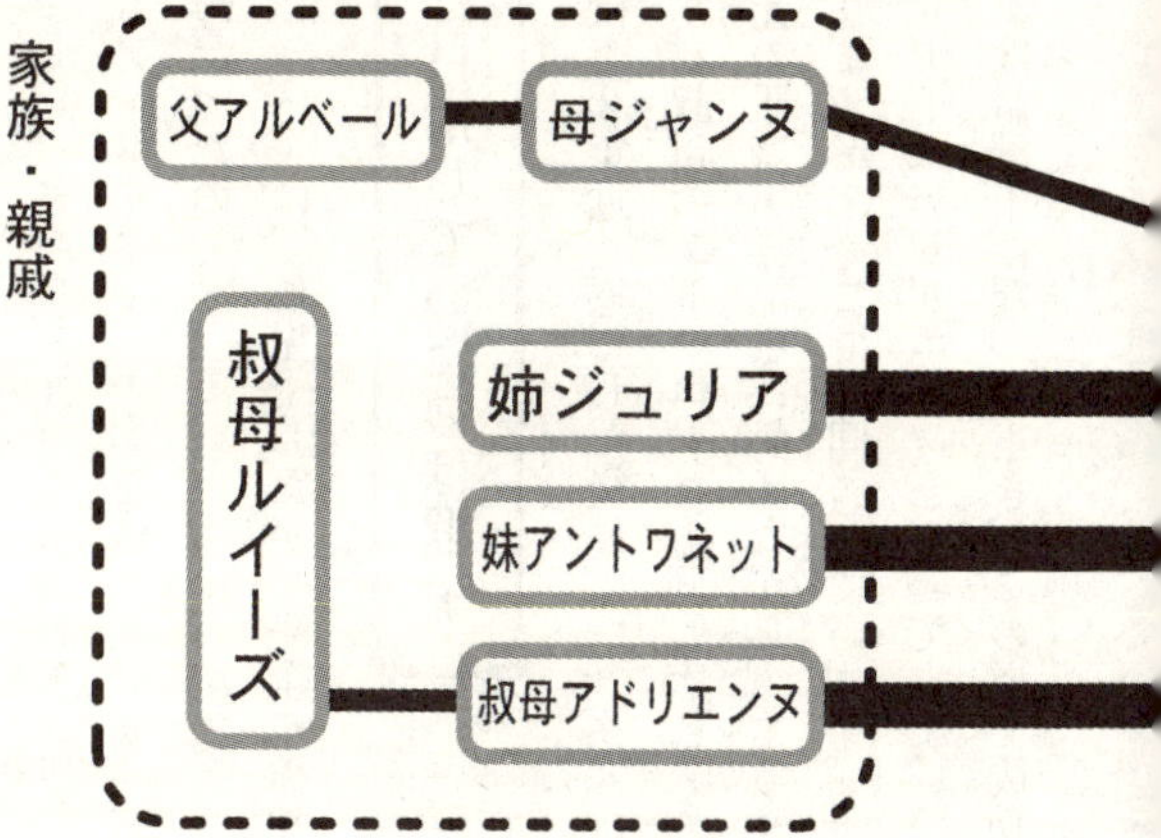

おおよそ、どんな人でもこの時期は、家庭と学校がネットワークの中心。シャネルの場合は、母の死で両親との関係が切れ、孤児院のシスターたちが親代わりに。幼いシャネルの父親への「思い」は強かったが、最下層の環境から逃れるために、孤児院や寄宿学校での生活は良い方に働いた。厳格な教育や生活習慣を身につけただけでなく、修道院のシンプルな価値観は後にシャネルのデザインにも反映された。ここでの生活がなければ、後年のクチュリエ、ココ・シャネルはありえなかった。

さらに、妹のアントワネット、叔母アドリエンヌとの仲がはぐくまれたのもこの時期。幼少期、思春期を一緒に過ごし互いの信頼関係があったからこそ、後年、この２人に店を任せることができた。

な店だったのです。

1913年にドーヴィルで1号支店を開いたときも、アドリエンヌとアントワネットが駆けつけました。さらに、1915年にビアリッツというスペインの国境に近い都市に出店した際もアントワネットの力を借りています。いざというときに、右手左手になったのは妹と叔母だったのです。

ココ・シャネルは、孤児でしたが、完全に孤独ではなかったのです。

本当に目指していたのは歌手

寄宿学校で2年近く過ごした後に、シャネルはムーランでお針子として肌着・洋品店に就職します。叔母のアドリエンヌも同じ店に入り、しかも相部屋に住み込みでした。後に2人は、元の肌着・洋品店に勤めながら、もう一軒の仕立屋の内職もするために別のアパートを借りますが、そこでも同居しています。それほど仲が良かった。シャネルの人生最初のパートナーはアドリエンヌと言ってもよいでしょう。

シャネルはお針子になったとき、この道で成功してやろうと思っていたのでしょうか。

おそらく、そのような考えはなかったでしょう。孤児院で身につけたスキルを利用してありついた職であって、あくまでも生活のためでした。経営者になろうとかデザインで人を驚かそうという発想はありませんでした。

シャネルがなりたかったものは別にありました。歌うことが好きな彼女は、寄宿学校時代から、ポピュラー歌手にあこがれていたのです。後年、クチュリエとして成功してからも、彼女は歌手やダンサーになろうと、たびたびその道のプロを雇いレッスンを受けています。それほど強い夢だったのです。

彼女がいわゆる芸能界に興味を持つこと自体、不思議ではありません。今でこそ、女性の職業は多種多様です。女性の経営者、クリエイターも珍しくありません。しかし、当時、若い女性が成功するには、とくに家柄や教養のない女性にとっては、歌手や女優ぐらいしか道は用意されていなかったのです。

そこで、シャネルはアドリエンヌをともなって歌手の道を目指そうとします。最初の舞台は、ムーランのカフェ・コンセールです。日本語では「音楽喫茶」と訳されていますが、実際は客が女の子の歌や踊りを見ながら飲食を楽しむキャバレーやナイトクラブのような店です。ベル・エポック時代、パリで大流行した形態の飲食店ですが、パリではブームが過ぎた頃にシャネルたちの住むムーランのような田舎にも開店するようになりました。

そのカフェ・コンセールのひとつ「ラ・ロトンド」にシャネルとアドリエンヌは仕事を得ます。といっても、正式な歌手としてではありません。「ポーズ嬢」といい、本職の歌手やダンサーのステージの合間に歌を歌ったり踊ったりする、時間つなぎのような役割でした。歌手やダンサー志望の無名の女の子が、チャンスをつかむためにする登竜門的なアルバイトです。

とはいえ、見習いの立場ですから、店から給料は払われません。彼女たちの収入は、客のチップのみ。あわよくば、そういう下積みを経て人気が出てスターになれる、その希望だけがモチベーションでした。

アドリエンヌにくらべると、シャネルは歌が上手かったようで、主に舞台で歌うのはシャネル。アドリエンヌは客の席を回ってチップをもらう役でした。ステージの回数を重ねると、シャネルたちにもひいきの客がつくようになります。今で言うキャバレーのような店ですので、客のほとんどは男性です。

彼らはシャネルらの最初のファンになり、彼女たちが注文の増える競馬シーズンにだけ働いていた仕立屋にも訪ねてくるようになります。上流階級の子息が服を仕立てるのはパリでしたが、服がほつれたのを繕《つくろ》ってもらうというのを口実にやってきて、デートの約束などを交わしていたのです。

ムーランは競走馬の産地として有名でした。競馬シーズンになると貴族など豊かな人たちが集まってきた。さらに、騎兵連隊があり、貴族など上流階級の子息たちを中心とした将校たちが駐屯していました。彼らは夜になると息抜きのためにカフェ・コンセールに繰り出しては騒いでいたのです。

ココ・シャネルの「ココ」はこのとき彼らが付けた愛称です。シャネルには持ち歌が2曲しかありませんでした。「コ・コ・リ・コ」と「トロカデロでココを見かけたのはだれ?」で、ファンは彼女が舞台に立つと鶏の鳴き声ではやし立てたそうです。

2人は自然と彼らと知り合い、つきあうようになります。アドリエンヌがその後、二十数年の交際を経て結婚することになるモーリス・ド・ネクソン伯爵と知り合うのもこの時期です。親元を離れて開放的な気分に浸る上流階級の子息たち。ムーランのカフェ・コンセールは身分の違いを超えて男女が知り合う、開放的な場所だったのです。

初めての遠距離交際——ブルジョアのバルサンの館に転がり込む

カフェ・コンセールでの交流がきっかけとなり、シャネルはエチエンヌ・バルサンという見習い将校と恋愛に陥ります。バルサンは貴族ではありませんが、ブルジョア階級で、繊維業で財を成した親の遺産を相続していました。仕事などする必要がないほど裕福で、軍隊にいた頃も優雅な生活を送っていたようです。

バルサンは決してハンサムとは言えない男性でした。背はそれほど高くなく、大きな顔に口ひげをはやしていた。ルックスはあきらかに三枚目、しかし陽気な性格から人に愛されるキャラクターだったようです。

シャネルの「最初の男」だったバルサンですが、彼女はこの関係だけは、生涯を通じて認めようとはしませんでした。後に大プレイガールとして知られ、数々の華麗な交際は隠そうとしなかったにもかかわらずです。その理由は、後ほど明かしましょう。

兵役を終えたバルサンは、親からの莫大な遺産を元手に、コンピエーニュ県のロワイヤリュにあった貴族の館を買い取ります。広い牧草地と大きな厩舎があるその館は、競走馬を育てることに情熱をかたむけていたバルサンにとって理想の場所でした。彼は名馬を育て、自分自身も騎手になることを夢見ていたのです。

実はシャネルは、有名歌手になる夢をさらに追い求めてムーランからヴィシーへと移り住んだ時期がありました。ヴィシーは日本で言うと熱海のような温泉の出る保養地です。そこで一旗揚げようと、騎馬連隊の人の紹介で行くことになります。そのとき、「君の声はひどいから歌手の夢はあきらめた方がいいよ」とアドバイスしていたのがバルサンでした。

結局、バルサンの指摘通り、シャネルはオーディションを受けるものの舞台に立つことはできず、ヴィシーでは時代遅れになりつつあったポーズ嬢の職さえありませんでした。仕方なく、湯治客のために飲料用の温泉水をサービスするアルバイトでなんとか生活費やレッスン代を工面していました。

このできごとは決定的でした。彼女はきっぱり歌手になるのを諦め、バルサンを頼って彼の屋敷に転がり込みます。

バルサンにとっては、シャネルは遊び半分でつきあっていたムーランの田舎娘のひとりにすぎませんでした。どちらかというと、シャネルの方から一方的に押しかけてきたにもかかわらず、バルサンは屋敷の一室をシャネルに与えます。シャネルは生まれて初めて、バルサンの屋敷で本当の贅沢を知ります。三度の食事も身の回りのことも使用人が世話してくれるため、最初の半年ほどは、本当に何もしない怠けた生活を送ったようです。昼過ぎまでベッドでごろごろし、あとはカフェオレを飲んで三文小説を読むぐらい。外出は好きな馬に乗るときだけ。使用人はもちろん、ブルジョア育ちのバルサンですら、「あれほどの怠け者を見たのは生まれて初めてだ」と驚き呆れたそうです。

バルサンの屋敷は、競馬好きの上流階級の人々が訪ねてくる社交の場でもありました。しかし、屋敷に住み始めた頃のシャネルは、晩餐会などの場には出してもらえない日陰の愛人でした。友人に紹介されることもなく、なかば隠れるようにして住んでいたのです。正式な（という表現も妙ですが）愛人ではなかったのです。

バルサンはシャネルの個性的なキャラクターを好いていたとはいえ、人に見せびらかしたくなるような上等の女ではなかった。ましてや身分的に、結婚の対象としてはまったく考えられなかったようです。バルサンにとって、この頃のシャネルはとくに害にもならないので屋敷に置いてやっているという程度の存在だったのかもしれません。

ところが、まわりの人たちが、まずシャネルの不思議な魅力に気づき始めます。

そのうちのひとりが、エミリエンヌ・ダランソンです。高級娼婦だったダランソンは、上流階級の男を渡り歩くことで有名な女性で、かつてバルサンとも関係がありました。彼女はいろいろな男を破滅させたことでも知られていましたが、バルサンは半年か1年ぐらいで彼女と手を切ったようです。

こうした、遊びの女ときれいに別れられるところから、彼はブルジョア階級の母親たちから「理想の花婿候補」と評価されていました。いずれにせよ、シャネルが結婚できる可能性は限りなくゼロに近いものだったのです。

後にシャネルがパリのマルゼルブ大通りに初めて開くことになる帽子店の店舗は、バルサンがダランソンと密会するために借りていたアパルトマン（家具付きアパート）でした。シャネルと出会った頃のダランソンは、すでに30歳を超えていたので愛人としての盛りは過ぎていましたが、いわばセレブとして社交の場で活躍する存在でした。

この頃、ダランソンは婚約していたイギリス人の有名な騎手をともなってバルサンの館によく遊びに来ていたのです。

バルサンの仲間たちは馬を通じて知り合い、交流していました。シャネルも馬に乗ることが大好きだったようで、自然と仲間の輪に加わるようになります。

そこでシャネルは徐々に才能の片鱗を見せ始めます。当時、女性は馬に乗るとき、横向きに座るのが普通でした。ですが彼女は男性と同じように馬にまたがって乗りました。それだけではありません。彼女は乗馬のための動きやすい衣装を自分で作ってしまいます。それは男のようなシャツにズボンのスタイル。彼女はファッションデザイナーとしての力量を示し始めるのです。

暇つぶしで作った服や帽子がセレブに大受け

シャネルにとって、この頃、作った服のデザインは自分が着るため、楽しむための純粋な趣味でした。そこも、お仕着せの音楽ではなく、自分たちが楽しむための音楽を作り始めたビートルズと似ています。最初は技術的にも未熟でしたが（ビートルズの演奏も最初は下手でした！）、自分で楽しむところからスタートしたのです。

違う点があるとすれば、ビートルズはバンドであり仲間と一緒でしたが、シャネルは最初からたった一人で始めたことです。ビートルズの音楽も、最初は世間から認められなかったように、シャネルの服も周囲からは奇異の目で見られます。当時の上流階級のファッションからすれば、非常識もはなはだしい。「男のような服を着て馬に乗るなんて、はしたない！」という反応です。

常識的に考えれば、孤児出身の女の子がブルジョア出身のバルサンの館で服を作るとなれば、次第に上流階級で流行っていたファッションに近くなるのが普通でしょう。

しかし、シャネルは階級が上だという理由でそのファッションを模倣することはありませんでした。あくまでも自分の着たい丈夫で実用的な服を作った。そして、上流階級の人々にそれを見せつけ、最終的には価値を認めさせたのです。かなりの芯の強さがなければできることではありません。彼女のファッションに対する信念はすでにこの頃からあったのです。

実業家カペルとの出会い

趣味の帽子・服作りからビジネスへと舵《かじ》を切るのは、アーサー・カペルとの出会いがきっかけです。シャネルと出会ったのは、バルサン主催の狩猟コンテスト。お互いに一目惚《ぼ》れだったと言われています。

カペルはバルサンの遊び仲間で、イギリス人の青年実業家です。仲間内では〝ボーイ〟という愛称で呼ばれていました。フランス人が英米人の青年を親しみを込めて称した言葉で、「少年」とバカにしたあだ名では決してありません。

カペルは炭鉱や海運業などのビジネスで若くして成功していましたが、彼なりのコンプレックスを持っていました。それは、フランス人を母親に持つ私生児だったことです。父親は銀行家で、経済的には何不自由なく育ちました。しかし、階級社会の中で私生児という出自は大きなコンプレックスとなったのです。シャネルも実感できるこの暗い過去が2人を強く結びつけたのかもしれません。ただし、カペルがシャネルと異なったのは、幼い頃から一流の教育を受けていたことです。父親から、ニューカッスルの炭鉱の権利を受け継いでもいました。しかも、大いなる独立心でビジネスをさらに発展させていました。

シャネルにとってカペルはバルサンより明らかに魅力的でした。親の遺産で遊び暮らしているバルサンと異なり、カペルは30歳代で石炭業と海運業で大成功していた。そしてイギリスできちんとした教育を受け教養があり、ポロなどのスポーツも万能だった（最初に出会ったときの狩猟コンテストでは1位を獲っています）。もともと自立心の強かったシャネルにとってカペルは理想の男性であり、目指すべきロールモデルでもありました。カペルは、シャネルが愛した唯一の男と言われるほど、この恋愛は最初から本気でした。いや、後の恋愛も本気であったことがうかがえるのですが、若いときの恋愛ほど美しい思い出として記憶されるものです。しかも、悲劇的な結末を迎えるのですから、なおさらです。

カペルは欧州各地に愛人を作っていたプレイボーイでしたが、他の女性にはない魅力をシャネルに見出しました。ビジネスの経験からさまざまな種類の人を見てきたので、シャネルの芯があり自由を求める、自立心があり絶対に妥協しない、そうした性を超えた魅力に気づいたようです。もしかすると、ビジネスウーマンとしての素質にも感づいていたかもしれません。「今は本人も自覚がなく、それが開花していないけれども、この女はひょっとすると……」という予感です。さすがのカペルといえども、後年のシャネル帝国までを想像することはできなかったでしょうが。

シャネル、カペル、そしてバルサンは三角関係になります。やがてバルサンはカペルがシャネルに本気だということを知って身をひきます。しかし愛情は残っていたようで、彼女のビジネスには後に協力しています。

帽子店を開店

シャネルの作る帽子は、非常にシンプルだったことが特徴です。当時流行していた帽子は、羽根飾りや花飾りでごてごてと飾り立てられていました。高さも幅も巨大、重量も相当なものです。対するシャネルの帽子はシンプルで小さく、装飾は最小限。頭の動きを妨《さまた》げないものでした。

最初は自分がかぶるために作っていたのですが、やがて仲間内で評判となります。先ほどの高級娼婦ダランソン、女優のガブリエル・ドルジア、彼女をシャネルに紹介した女優ジャンヌ・レリ、そしてオペラ歌手のマルト・ダヴェリなどから帽子を作ってくれと依頼されるようになり、ロワイヤリュにおいてシャネルの帽子はちょっとした評判になっていたのです。

帽子店を出すようシャネルにアドバイスしたのはカペルでした。今の感覚からすると「なぜ帽子屋?」と思うかもしれませんが、当時、帽子は女性の必需品であり、パリには帽子専門の高級店がたくさんあったのです。

パリでは、シャネルはカペルの持っていたアパルトマンで暮らしますが、帽子店はバルサンの所有していたマルゼルブ通りのアパルトマン（例のダランソンと遊ぶために使っていた部屋です！）を借りることにしました。

最初バルサンはシャネルが商売を始めることに賛成していませんでした。しかし、カペルの説得もあり店舗として使うことを認めます。三角関係を上手く利用したから店を持つことができた。これは後にシャネル自身も誇らしげに語っていたようなので、おそらく事実だったのでしょう。この手の話は、ほぼ意図的かと思われるほど、シャネルの後の人生に繰り返し出てきます。

1909年、シャネルが26歳のときにやっと開くことができた帽子店ですが、店舗としての営業許可を正式にとっていない、なかば非合法の営業だったようです。当初は、カペルの愛人として知られたシャネルを興味本位で見に来る客ばかりでした。一部の上流階級の婦人たちからは「地味すぎる」「貧乏くさい」と評されていたシャネルの帽子ですが、徐々に彼女たちにも受け入れられるようになり、大評判となります。それに一役買ったのは、バルサンやカペルの人脈です。

彼らが次々と客を紹介していった。カペルは優秀な帽子職人をスカウトして帽子作りの技術面でもシャネルをバックアップしています。そして、女優のドルジアらが彼女の帽子をかぶり、舞台や雑誌に出たことも、帽子店の成功に大きく貢献します。とくに集客において、ダランソンの果たした役割は大きかった。常にシャネルの帽子をかぶり、「どこで仕立てたの」と人に尋ねられると、「仕立てじゃなくってココが作ったのよ」とクチコミで評判を広げていきました。

こうした周囲の人々の協力を得ることで、シャネルはまたたく間に成功していくのです。（とはいえ帽子店の成功は後の大成功にくらべればひとつのステップにすぎませんでした。）

素人商売の強みを最大限に発揮

最初の頃、シャネルは商売のことなど何もわかっていませんでした。「小切手をたくさん切っているから儲かっている」と思い込んでいたほどです。そもそも店舗自体がなかばプライベートで、税も納めず、趣味的な運営形態でした。

帽子の製作についても、アイデアこそシャネルのものですが、技術的な部分はカペルが他の店から引き抜いてきた帽子職人に頼らざるをえませんでした。完全に素人商売から始めたシャネルですが、かえって良かった点もあります。

仮にもし、シャネルが一流のクチュリエに弟子入りするところから始めていたらどうでしょう。当然、自由な発想で服など作れるはずはありません。勝手なデザインの服を作って3日で追い出されていたかもしれません。石の上にも3年と言いますが、3年もいたらいわゆる「業界の常識」をたたき込まれ、自由な発想はできなくなっていたでしょう。自分の着たい服を作るんだという思いではなく、当時のファッションの延長で人から評価されそうなデザイン、売れそうなデザインしか発想できなくなっていた可能性は十分にあります。常識から外れたデザインを提案したところで潰《つぶ》されていたことでしょう。

素人商売から始めたことが、シャネルがファッション界に革命を起こすことのできた要因のひとつだったのではないでしょうか。

シャネルはとにかく、自分こそがかぶりたい帽子、着たい服を作った。外出も乗馬もでき、丈夫でシンプルで機能的な服です。一方、同時代のクチュリエのほとんどは男性でした。当時一世を風靡《ふうび》していたクチュリエにポール・ポワレがいます。彼は、それまで何メートルも引きずっていたスカートの丈を短くするなど画期的なデザイナーでした。ただ、彼も自分の着たい服を作っていたわけではありません。流行を作る側にはいましたが、シャネルのように自分が女性として着たい服を作るという思いの強さにはかなわなかった。シャネルにとってそれまでの服が着たいものではなかったからこそ、そしてクチュリエ界の伝統にとらわれる立場ではなかったからこそ、ファッション界に革命を起こすことになるのです。

1章まとめ

■皆と同じ環境にいないことがチャンスを生む

孤児院で育てられたシャネルが、その価値観を基盤にファッションを一変させる。単に派手さ、豪華さを競うだけの女性服を、シンプルで実用的なスタイルで駆逐してしまい、代わりに今日まで続く普遍的で新しいシックさに置き換えたのです。身近な例で言うと、現在の価値観ではバブル時代の文化を恥ずかしく感じてしまうのに似ているでしょうか。バブル時代に青春を過ごした世代と、バブル以降の若い世代とで、美意識や価値観に大き

②開花期（19～26歳）

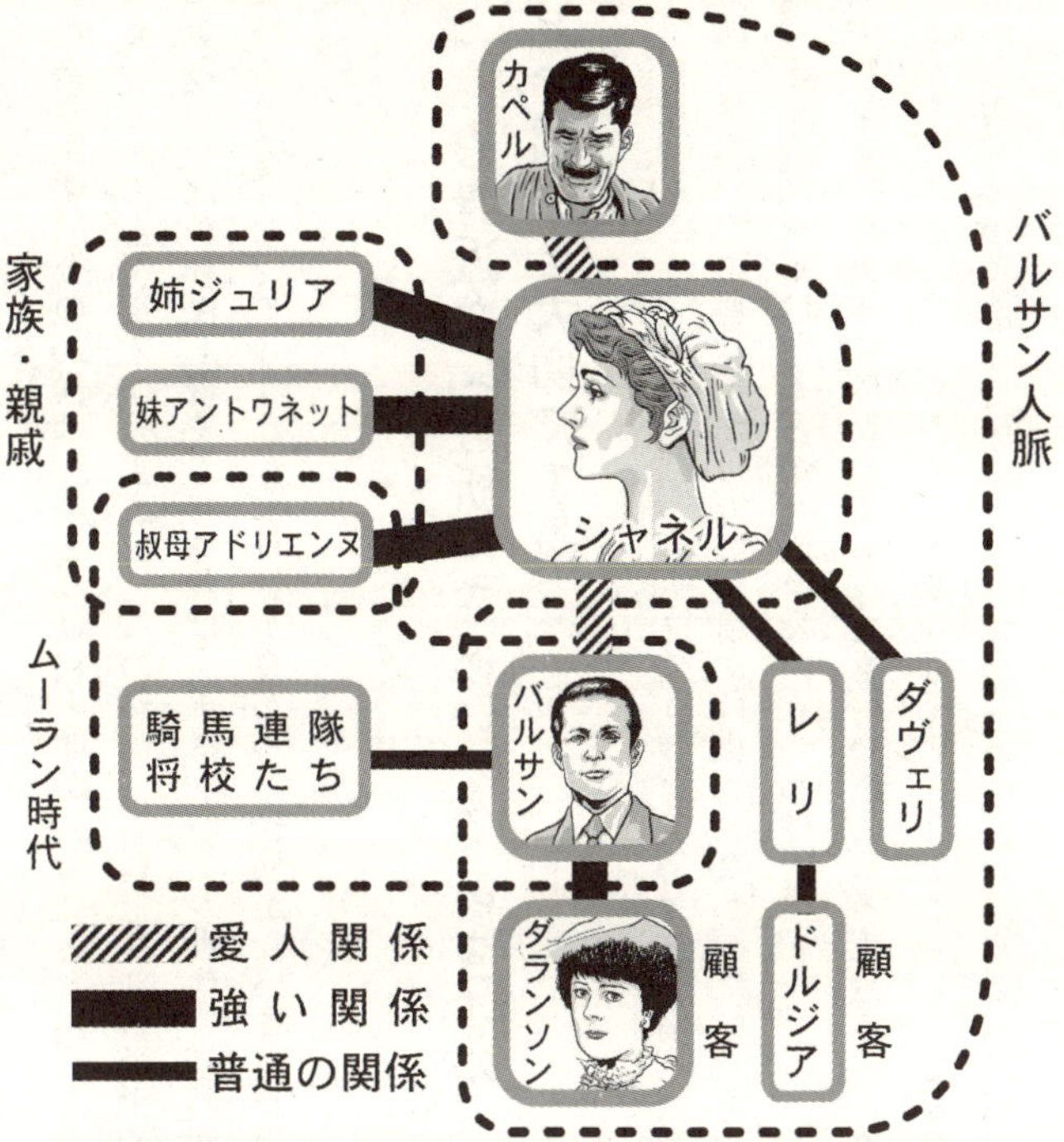

シャネルの成功への第一歩となるのがこの時期。ムーランで騎馬連隊の将校たちとの交流で、シャネルは初めて遠距離交際に目覚める。最初の愛人であるバルサンについては、後々までシャネル本人が詳しく語らなかったため、ディテールに関しては謎も多いが、彼との交際が成功へのビッグバンだったことは間違いない。彼とつきあっていなければ、ボーイ・カペルや、帽子店の有力な顧客となったダランソンやドルジアとの出会いもなかった。

な違いがあります。今の20代は、ゆとり世代と叩かれることもありますが、ライフスタイルは質素で考え方も堅実です。生まれてこのかた、右肩上りに繁栄する社会を体験していませんから。不況が今後も続くのであれば、ポストバブル世代の価値観がこれから主流になっていくのではないでしょうか。景気が良かった経験がないことを悔しく思う必要はありません。

■もっとも身近な「近所づきあい」である兄弟、親戚、幼なじみとの関係を大切にする

シャネルと妹のアントワネット、叔母のアドリエンヌとの関係は、ネットワーク論で言う「近所づきあい」の典型です。家庭環境には恵まれなかったシャネルですが、妹や叔母と信頼できる関係を築けたことが、後々役に立つわけです。

人脈やビジネスが大きく広がっていっても、いざというとき本当に助けになるのは家族です。友だちだとどんなに仲良くても離反すると一生会わないことがあります。しかし、幼い頃から親密につきあっている兄弟、親戚との間には絶対的な信頼関係が培《つちか》われてい

ることがあるのです。

実際、日本でもファミリービジネスの要素を残している企業は多いでしょう。とくに、ビジネスの立ち上げ期や、急成長しているときは、経営者はもっとも信頼できる人間を側に置きたいと考えるのが普通です。もちろん血を分けた兄弟で争い会社を二分することもない話ではありません。しかし、他人の場合と比較すると裏切られる確率は低いと言えるのではないでしょうか。

幼なじみも同じような、得難い近所づきあいの好対象と言えるでしょう。小中学校の友だちと組むことで成功するパターンも芸能界などでは珍しくありません。利害関係のない時期にはぐくまれた友情や信頼関係は貴重です。

これから何かを始めようとするとき、もっとも自分をサポートしてくれるのは誰か。確認すると同時に、さらに信頼関係を深めていきましょう。

■遠距離交際がチャンスをもたらす

シャネルの人生が大きく跳躍するのが寄宿学校を出た18歳から店を開く26歳までのこの

時期です。孤児という出自のシャネルがパリに高級帽子店を開くことができた、その成功の理由を、ネットワーク論的に分析してみましょう。

もっとも重要なポイントは、カフェ・コンセールという「遠距離交際が可能な場所にいたこと」です。

シャネルは希望していた歌手の道では成功できませんでした。しかし、歌手になろうと（ポーズ嬢という端役ではありましたが）ステージに立つことで、貴族やブルジョアという別の階級の人たちと知り合うことができました。

これが後の大きなチャンスにつながる第一歩です。最初の夢は叶いませんでしたが、無駄になってはいないのです。叶わない夢が行動を生み、別のチャンスにつながったのです。もちろん、このとき、シャネル本人もそれがクチュリエとしての成功につながるとは予想すらしていませんでした。

彼女の行動力もさることながら、ムーランという土地柄、カフェ・コンセールという階級を問わず多くの人が交差する場所にいたことが重要だったのです。

何か目的を持って行動を起こす場合、たとえば就職・転職したいとき、家族や同級生、同僚など身近な人に相談するのが普通です。しかし、普段は交流していない「遠い」知人、ジャンルの違う人などに相談を持ちかけた方が良い結果につながることが多いのです。

その場は、カフェ・コンセールのような水商売の店に限られているわけではありません。社会人なら学生時代の友人に、まったく別の業界に進んだ人がいるでしょう。学生なら社会人の友だち、異性の友だち、まったく年齢の違う知人、海外に住んでいる友だちなど、遠距離交際の種類はさまざまです。普段の交流はなくても、知り合いならば電話やメールで連絡を取ることができます。

近所づきあいよりも遠距離交際の方が新たな情報や人間関係をもたらすことがネットワーク論的にも実証されています。普段接していない人間関係ですから、話をするのに抵抗を感じることもあるでしょう。シャネルも若い頃は人見知りでした。そこは、夢や目的を実現するために勇気を振り絞るしかないでしょう。

ヴィシーで歌手になる夢を果たせなかったシャネルも、かつてムーラン時代に関係のあったバルサンを訪ねていきます。もともと自立心の強い彼女にとってはバルサンの愛人となることは不本意だったのかもしれません。しかし、このリワイヤリングが元となって、ダランソンなど上流階級に通じた女性たちを介して彼女のデザイナーとしての才能が見出されることになります。そしてさらに、最愛の男性であり、彼女の初期のビジネスを支えたカペルとの決定的な出会いにもつながったのです。

シャネルの恋愛戦略(1)
「ツンデレ」だったシャネル

シャネルは人生を通して男性を欠いたことがありませんでした。彼女の女性としての魅力とは何だったのでしょうか。

世の中に流布している彼女の多くの写真を見てもわかるように、シャネルはとくに美人というわけではありません。一般的な女性らしさ、セクシーさとはむしろ対極の、色は浅黒くバストもヒップも小さく、鼻は幅広く首も長い、髪もブロンドではなく黒。今でこそボーイッシュな女の子にも魅力が認められる世の中になっていますが、当時の基準では身体的にモテる要素はありません。一緒に行動していたアドリエンヌの方がむしろ一般受けする美人でした。いわゆる典型的な女性としての魅力がないことは本人も知っていました。若い頃はコンプレックスでもあったようです。

しかし、シャネルにも特有の魅力があったことは間違いないでしょう。目つきは鋭く、口を開けば皮肉ばかり。こうした他の女性にはないキャラクターが、普段は女性から色目を使われるばかりの上流階級の子息には新鮮だったのかもしれません。しかも、一度恋愛関係になるとべったりで、甘え上手な面もあったようです。

つきあう前はツンツン、つきあい始めるとデレッとなる、いわゆる「ツンデレ」の元祖だったといえるのかもしれません。

2章

「ビジネスを飛躍的に成長させる」技術

1910年(27歳)から1919年(36歳)

第一次世界大戦が成長のきっかけに

なかばプライベートに開店した帽子店ですが、翌1910年にはパリのカンボン通り21番地に移転し、店名も正式に「シャネル・モード」と称して、本格的に商売を始めます。シャネルの歴史を書いた本には、このカンボン通りが最初の店と書いてあるものも多いようです。ちなみに、現在のシャネル本店があるカンボン通り31番地に移転したのは1921年です。

シャネルは早くもパリでは一流の帽子デザイナーとして認知されていました。雑誌に帽子を売るシャネルのイラストが掲載されています。

このとき、まだ服は販売していません。自分が馬に乗るための服も、仕立屋に作らせていました。婦人服のセオリーとかけ離れた依頼に、仕立屋はたいそう困惑し、憤慨《ふんがい》もしたそうです。数年後にシャネルがファッションデザイナーとしてトップを極めることなど想像もしていなかったでしょう。この頃から、シャネルは自分の着たい服を売ることを考え始めていたのではないでしょうか。

そして、カンボン通りの店を出した3年後の1913年に、初の支店「モードブティック」をドーヴィルにオープンさせます。

ドーヴィルはフランスの北西部、イギリス海峡を望むノルマンディー地方に位置する、カジノやホテルが建ち並ぶリゾートの街です。イギリスの上流階級に人気があり、イギリス文化の影響も強い観光地でした。

イギリス人のカペルにとっても馴染みのある場所であり、バルサンの館に居候していたシャネルを連れ出して旅行した思い出の地でもありました。「モードブティック」の開店資金を援助したのも、もちろんボーイ・カペルです。

「モードブティック」では、帽子だけでなく上着やスカートも並べて販売しました。ウェストを絞らないスカートなど、シンプルなデザインのものです。

店を手伝っていたのは妹のアントワネットです。彼女は店で売られる衣類を身に着けてドーヴィルの遊歩道を歩き、それが良い宣伝になりました。シャネルは今で言う「クチコミ・マーケティング」に長けていたのです。

しかし、「モードブティック」開店直後、第一次世界大戦が勃発します。ドイツがフランスに宣戦布告し、イギリス、オーストリア、ロシアなどヨーロッパの主要国を巻き込んだ戦争が始まるのです。イギリスと同盟関係にあった日本も、連合国側として参戦しています。

戦争になれば、レジャーやファッションといった嗜好品は真っ先に影響を受けます。ドーヴィルから観光客はいなくなり、ブティックなどは次々と閉店、金持ち客で賑わっていたホテルも営業を休止します。ホテルは戦争が激しくなり、前線の負傷兵が運ばれてくると、野戦病院となりました。当然、シャネルも店を閉めることを考えます。

ところが、本人も思いもかけなかったでしょうが、この戦争によってシャネルの店は大きく儲けて発展するのです。ドーヴィルから撤退するかどうかを相談したシャネルに対し、カペルは「しばらく、そこにとどまるように」とアドバイスしました。

カペルのビジネスは炭鉱や海運業です。当時の石炭や船といえば戦争にもっとも欠かせない物資であり運搬手段ですから、政界にも太いパイプがありました。とくに、第一次世界大戦の指揮を執ったフランスの首相、ジョルジュ・クレマンソーとはアポなしで訪問できるほどの親密な関係でした。クレマンソーもかつてはかなりのプレイボーイで、馬好きという共通点があったようです。

さらに、本国イギリスではロイド・ジョージ首相と友人でした。30歳そこそこの年齢で英仏の首脳に直接通じていたのです。しかも戦争が始まると、戦時用石炭調達英仏委員に任命され、連合軍の物資調達のために働いていました。そのうえ戦争の末期にはヴェルサイユに設置された連合国大評議会のイギリス部門政治書記官にも任命されます。そして戦後はその勲功により、フランス政府からレジオンドヌール勲章を授与されています。

このような立場にあったカペルは最新の戦況も把握していましたし、ドイツ軍に対して英仏がどう出るかといった国家機密レベルの戦略にも通じていました。もちろんそうした情報は、彼のビジネスにも利益をもたらしました。カペルは軍務と並行して熱心に投機をおこない、莫大な富を得ていたのです。

ですから、シャネルが相談した、ドーヴィルにとどまるべきか撤退すべきかといった相談に対しては、一瞬で的確な判断ができたでしょう。シャネルはカペルの「そこにとどまれ」という助言に従います。

果たしてカペルの読み通り、戦局は膠着《こうちゃく》状態に陥ります。ドイツ軍はフランス国内に侵攻し、貴族などの屋敷はドイツ軍に接収されていきます。シャネルがかつて身を寄せていたバルサンの館も取り上げられ、ドイツ軍の参謀本部として使われます。

戦禍を逃れようとした上流階級の移動先のひとつが、戦線から遠く離れたドーヴィルでした。リゾート地ということで馴染みのあった金持ちの疎開先となったのです。着の身着のままで避難してきた貴族の婦人たちや、武器商人をはじめ戦争で大儲けした人々も押し寄せてきます。さらにドイツ軍がパリに侵攻すると、一般の庶民までもが移動してきて、ドーヴィルは賑わいます。

他のブティックはすべて閉店していましたから、唯一開いていたシャネルの店は大繁盛。作った服が飛ぶように売れたのです！

ファッションで女性のライフスタイルを変える

その当時、店で売られていたのは、パンツスタイルのマリンルックやストレートのスカートなど。こうしたシンプルで実用的なファッションが戦時下にドーヴィル滞在中の婦人たちの間に定着するのです。

というのも、貴族階級も召使いを雇う余裕がなくなり、コルセットやドレスの着付けを手伝ってもらうことができなくなったため、自分ひとりで簡単に着替えられる服が必要になったからです。

戦時下で不謹慎だからという理由で派手なファッションを自粛したというよりも、シンプルなスタイルの良さに皆が気づいたのでしょう。ここにおいて、19世紀的な、ベル・エポックの時代は完全に終わります。そして、ドーヴィルで始まったファッション革命は後にパリへ、フランス全土へ、さらに世界中へと広まっていくのです。

戦傷者がドーヴィルに運ばれてくるようになると、貴族の女性たちも看護を志願します。しかし、平服では病院では働けません。白衣でも洒落《しゃれ》たものが着たいという声に応え、シャネルは彼女たちのために看護服を仕立てます。フリルのついた帽子、メイド服のような看護服ではなく、スッキリとしたデザインの帽子と看護服はファッショナブルでありながら動きやすく好評だったようです。

ファッションだけではなく上流階級の風習にも変化が起こりました。

ドーヴィルは海岸沿いにあり海水浴場としても人気の場所です。板張りの通路やカラフルなパラソルが立ち並ぶことでも有名です。しかし、第一次世界大戦までは、上流階級の婦人にとって海は見るものであり、入るものではありませんでした。海に入って遊ぶ若い女の子もいましたが、貴婦人たちは双眼鏡でのぞいては、顔をしかめていた。はしたない行為と見られていたのです。

ところがこの戦争を境に、上流階級の婦人にも海水浴の風習が浸透していくのです。彼女たちが身に着けたのは、シャネルの作ったワンピースタイプの水着です。今とくらべると露出が少ないものでしたが、それまで暑くても我慢をしていた婦人たちが水着を着けて海に入るようになったのですから劇的な変化です。

さらに、都市部でもご婦人方の行動に変化が起こっています。

パリから戦火が遠のくと、シャネルはパリに戻ります。多くの男性が戦争に行ったため、パリでは女性がそれまでの男性の仕事を担うようになります。身体を締めつけず機能的なシャネルの服は、働く女性に大歓迎されました。ミリタリー・ルック風のサファリ・ジャケットがその典型でしょう。

そして、ご婦人たちがホテルでお茶をし、日没後バーに出入りするといったことも、夫がいないので自由にできるようになりました。戦争がもたらした特殊な解放感を味わっていたのです。そのとき流行ったのが、シャネルの作ったパンタロンです。

シャネルは第一次世界大戦後の新しい女性像をファッションでいち早く、そして的確にとらえました。以降、女性のファッションが、身体を締め付けるコルセットやベル・エポック時代のような装飾華美なものに戻ることはありませんでした。

こうして従来のファッションの常識を葬り去ってしまうことから、シャネルはファッション界で「皆殺しの天使」と呼ばれるようになります。

ロスチャイルド夫人のひいきとなる

シャネルが大きく飛躍したこの時代には、運や偶然としか言いようのないできごともありました。第一次世界大戦が始まった頃、シャネルはロスチャイルド男爵夫人という超大物を顧客に獲得します。ロスチャイルド家（フランス語読みではロッシルド、ドイツ語ではロートシルト、すなわち「赤い楯」という意味です）は、中世のドイツに起源を持つユダヤ系の大財閥です。

かのドストエフスキーの小説『未成年』にも、主人公の青年が「将来の夢はジェームズ・ロスチャイルドになること」という記述があるほど、昔から、そして現代でも名の知れた大金持ちです。そのロスチャイルド夫人は、当時のフランスで一世を風靡《ふうび》していたクチュリエ、ポール・ポワレの顧客でした。

ポール・ポワレといえば、身体を締め付けるコルセットを追放し、キュロット・スカートやホッブル・スカートといった動きやすいファッションを次々に提案したデザイナーです。ファッションで女性を自由にした面でもシャネルの先輩といえるでしょう。中国やイスラム圏の文化を取り入れたオリエンタリズム（東洋趣味）ファッションでも有名です。

そのポワレの有力な顧客であったロスチャイルド夫人が、ある事件をきっかけにポワレと断絶します。当時は男性だけでなく、上流階級の婦人が愛人を作ることも珍しくありませんでしたが、ロスチャイルド夫人は何人もの愛人を作っては、酒池肉林のような生活を送る桁外《けた》れの人物だったようです。

あるとき夫人はポワレに「自宅でファッションショーを開きたい」と衣装とモデルの手配を依頼したそうです。普通なら軽々しくは受けませんが、超お得意さまの依頼ですから、ポワレもやむなく引き受けます。ところが、その〝イベント〟はファッションショーに名を借りたとても淫らなものでした。どうやら服を脱いでいくセクシーなショーのためにポワレの作品が使われたようです。それを知ったポワレは激怒し、自分の店に夫人が出入りすることを禁止します。これは当時の上流階級の顧客対クチュリエという身分差のある関係の構図としては、たとえ大御所ポワレであってもかなり大胆な決断でした。

「出入禁止」にされた夫人はカンカンに怒ります。そしてポワレへの報復のためにシャネルに肩入れし始めます。知人の上流階級の婦人たちを引き連れてはシャネルの店にやってきた。その中には大女優セシル・ソレルもいました。そして3年後の1917年、パリのセシル・ソレル宅で、シャネルは後半生に決定的な影響を受けることになるサロンの女王ミシア・セールと運命的な出会いをします。いずれにせよ、こうして上流階級の有力な顧客が、ポール・ポワレからシャネルへと乗り換えたので、シャネルの店は漁夫の利を得、いっそう繁盛します。

しかも、この頃からポワレは政府の依頼で軍服の生産に携わるようになります。仕事の中心は流行とは無関係で、いかに生地を節約して生産性を上げるか、といった内容です。こうして、ポワレのファッション界への影響力はさらに小さくなっていくのです。

シャネルの店が戦争を機に繁盛するのとは反対に、最大のライバルであったポワレは凋落《ちょうらく》していきます。戦後ポワレはモード界に復帰しますが、時代の流れについて行けなくなり、ついには破産してしまいます。こうして、第一次世界大戦後、モード界はシャネルの独壇場となるのです。

ビアリッツでオートクチュールに本格参入

1915年になると、ドイツ軍は飛行船ツェッペリンでイギリス本土を空爆、Uボートや毒ガスを実戦で初めて使用します。その年の7月、シャネルはスペインとの国境近く、大西洋岸にあるリゾート地、ビアリッツに2番目の支店「メゾン・ド・クチュール」をオープンさせます。ビアリッツもまたカペルと一緒にバカンスを過ごした街でした。

「メゾン・ド・クチュール」は、パリやドーヴィルの店よりも高級志向で、オートクチュール、つまり顧客ひとりひとりに合わせて服を作る高級仕立ての店でした。シャネルがこの地でオートクチュールに参入したのには理由があります。

当時のスペインは中立国で、第一次世界大戦によるインフレで多くの国民は苦しんでいたものの、直接の戦火は受けていません。そこでそれまでパリで服を仕立てていたスペインの富裕層を狙ったのです。

パリが戦火にさらされるタイミングで国境に近いビアリッツに出店しましたから、スペイン王宮をはじめ富裕層からの注文が次々と舞い込みます。このとき、すでにクチュリエとしてのシャネルの名はスペインにも轟《とどろ》いており、一着数千ドルもする高級なドレスが飛ぶように売れたのです。

新素材ジャージーを開拓

ビアリッツの店を開店した翌年にはオートクチュールのコレクションでジャージー素材のドレスを発表し、これが一大ブームを巻き起こします。

ジャージーというと、運動部の学生やスポーツ選手が好んで着ているトレーニングウェアをイメージする人が多いと思いますが、あの伸縮性のあるメリヤス生地のことです。もともと作業着として使われていた素材で、イギリスのジャージー島で漁師の上着として着られていたことから、こう呼ばれていました。

シャネルにこの生地を持ち込んだのは、ある繊維メーカーです。スポーツウェアや下着用として機械織りのジャージーを生産したところ、まったく売れませんでした。困り果てたメーカーの営業担当者は少しでも在庫を減らせたらとシャネルのもとに持ち込んでみたのです。

ところで、シャネルはこうした生地を以前から探していました。「全部買い取るわ」と即答するだけでなく、在庫以上の量を注文します。戦争中ですから、売れるかわからない服のために貴重な原材料を使いたくなかったメーカーは渋りますが、強引に説得して作らせました。

シャネルの作ったジャージードレスは、スカートはゆったりとして丈も短め、ジャージー素材のやわらかさとあいまって動きやすい。しかも、女性を若々しく見せるデザインでした。それまでの女性服のように身体の線を強調しない、ウェストも絞られていないドレスは、ジャージー素材の特性によって生まれたものですが、これがシャネルの提案する新しいスタイルでした。そして、コピー商品が次々と作られるほどのブームとなります。

ジャージードレスは、シャネルのイノベーターとしての才能をよく表わした作品です。

彼女は生涯を通じて、新たな素材を積極的に取り入れていますが、従来の常識にとらわれず新たな素材を使用することで新しいデザインを生み出す、逆に革新的なデザインを実現するために新しい素材を試す。その両面があったでしょう。

カペルに借金を返済

この頃の記録を見ますと本当に引く手あまたで、商品をいくら作っても足りないという状況でした。スタッフも1915年に60人だったのを、翌1916年には300人に増員し、専用の工場まで持つようになります。

戦争中は、衣類用の布地が不足しがちでしたが、シャネルはかつての恋人、バルサンのつてをたどって調達します。前章で述べたように、バルサンは繊維業で財を成した家の生まれです。家業は2人の兄、ジャックとロベールが継いでいました。バルサン家もまた、軍服の生産で大儲けしていたのです。一種の軍需産業に携わっていましたから、戦争中でも生地を手に入れるルートがあったわけです。シャネルは、ジャック・バルサンにリヨンの絹織物屋を紹介してもらうなどの便宜を図ってもらいました。

ドーヴィルとビアリッツでの成功により、シャネルのクチュリエとしてのステータスは一気に上がります。ムーランでお針子をしていた時代には想像もできない額のお金も手に入れます。そして、カペルに借りていた金もきれいさっぱりと返済してしまいます。

カペルとの結婚を諦めた時期であったこともあるでしょうが、やはりシャネルの強い自立心、独立心からの行動でもあったでしょう。貸し借りをなくし、対等な関係を築きたかったのかもしれません。

20世紀の女性像と重なったシャネルのスタイル

シャネルはファッションで女性の生き方を変えた。女性の生き方が決定的に変わった時代に、それに合ったファッションを提供したという表現の方が正確かもしれません。20世紀の自由な女性像はシャネル自身の生き方がモデルになったという観察もなされています。しかし、そうしたシャネル伝説も、歴史を振り返ってみると必ずしも全面的に正確とは言い切れません。

タバコを吸い、髪はショートヘア、愛人を次々と乗り換えて隠そうともしない、しかも結婚はしない、仕事は自分のやりたいようにやる。このシャネルを指すかのような生き方は、実は1900年代から10年代、20年代を通じてフランスの女性の間で広がりつつあった傾向でした。

このような女性像を早い時期に広めた作家に、シドニー＝ガブリエル・コレットがいます。彼女はシャネルの10歳年上で、後に南仏の避暑地で知り合うことになるのですが、処女作『クロディーヌ』シリーズを書いた頃はまだ面識がありませんでした。

コレットは元キャバレー歌手で、14歳年上のパブリシティに長けた文壇プロデューサーと結婚、彼と共同で１９００年に『クロディーヌ』シリーズ第一作を書き上げます。当時は女性の名前で不道徳な小説は出せないというので、夫のペンネームで発表します。『クロディーヌ』の主人公はショートヘアでタバコを吸い、やりたい放題。まさにシャネルをモデルにしたような女性像です。世間的には好ましくないと思われていたでしょう。しかし、若い人にとっては親の世代が眉をひそめるものこそ魅力的に映ります。『クロディーヌ』が、感受性の強い若い女性を中心にライフスタイルのモデルになっていきます。クロディーヌ・ローションやクロディーヌ・ミラーといった主人公の名を冠したグッズも多数作られました。

コレット自身、波瀾万丈の人生を送っています。コレット夫婦はともにバイセクシュアル。浮気性の夫と別れた後、コレットはミッシーと名乗っていたベルブフ公爵夫人の愛人となります。この相手は、ナポレオン3世の遠縁であったらしいのですが、同性愛者であることを公言、最後はオーブンに頭を突っ込んで自殺するというエキセントリックな人生を送っています。

コレットは彼女から強い影響を受け、ムーランルージュの歌手兼踊り子になります。レズビアン同士のパントマイムを舞台で見せ、警察の手入れを受けたこともありました。その後、紆余曲折《うよきょくせつ》を経て、46歳のときに小説の世界に戻ります。それが1919年です。

女性のこうした変化が決定的になったのが第一次世界大戦です。従来の価値観がガラガラと崩れたのが誰の目にも明らかになった。パンタロンをはいた女性がひとりでホテルのバーに出入りし、ショートヘアが世界的に流行するのは第一次世界大戦から1920年代にかけてです。

さらに1922年には、ミリオンセラーとなったヴィクトル・マルグリットの小説『ラ・ギャルソンヌ』が発表され、ショート・ボブという髪型が流行します。主人公の、仕事で自立し、角張ったスタイルの服を着て髪はショートカットで胸は小さく、弓形に眉を描き、麻薬や同性愛も経験するという生き方は世間で波紋を起こします。シャネルはこうした主人公のモデルのひとりとなっていました。この頃になると、自由に生きる女性がむしろ時代の最先端をいく者として喝采を浴び始めます。シャネルの提案するファッションスタイルも幅広く支持されていくのです。

時代は少し下りますが、日本でも第二次世界大戦後、これに似た女性解放の流れがありました。抑圧から一気に解放されて、良いものも悪いものも一息に噴出した時代です。

フランスでは、女性の解放を決定づけたのは第一次世界大戦です。この頃レイモン・ラディゲという作家が出ました。同性愛者でもあり、ジャン・コクトーの恋人だった青年です。三島由紀夫もラディゲの作品を愛した作家のひとりです。ラディゲの自伝的な小説『肉体の悪魔』には、「大戦は私にとっては長く良き休暇であった」とあります。要は出征した兵士の奥さんと懇《ねんご》ろになっていい思いをした、ということなのですが。とはいえ、その老成した文体と明晰な心理描写により、ラファイエット夫人やスタンダールの作品に比せられる名作とされています。ラディゲは腸チフスにかかり、1923年に20歳という若さで亡くなります。それがショックで、コクトーは麻薬に溺《おぼ》れ、南仏に逃げてしまいます。その間、ラディゲの葬式を出してやったのが、ココ・シャネルでした。

アーネスト・ヘミングウェイをはじめ、1920年代～30年代に活躍した作家は「ロストジェネレーション」（失われた世代）と呼ばれています。現在の就職難を経験している日本の若者もロストジェネレーションと呼ばれることがあるようですが、戦争体験や経済的苦境によって従来の価値観を信じられなくなった世代を指す言葉です。現在のロストジェネレーション、いや若い世代に限らず日本の社会全体が従来の価値観やシステムに不信感を持っています。ある意味で、シャネルやこれらの作家が生きていた時代に近似していると言えるのではないでしょうか。

カペルの結婚と死

後に「唯一愛したのはカペルだけ」と複数の友人に語るほど、シャネルは心底カペルを愛していました。しかし、彼とつきあっていく中で、結婚は諦めざるをえませんでした。シャネルの出自、子供が産めない身体、そんなことはカペルにとって彼女との愛人関係を続ける上では問題ありませんでした。むしろ、カペル自身の別のコンプレックスがシャネルとの結婚を妨げていたのです。

ビジネスの才覚で莫大な富と名声を得たカペルですが、私生児として生まれたことが強烈なコンプレックスでした。私生児ですから家の「格」がないのです。

イギリスは厳格な階級社会ですから、いくらお金を持っていても階級が違えばその間には壁が存在します。ポロの名手でもあったカペルは多くの貴族たちと親しくつきあっていましたが、心の中では階級差を感じていたのでしょう。それがカペルの過度の思い込みであった可能性も否定できません。

しかし、彼らと心の底から対等につきあうために家柄をアップさせたい。それはさらなるビジネスの発展、子孫の将来のためにも必要だ。そう、カペルは考えました。家の格を手に入れる手っ取り早い方法はしかるべき結婚です。

終戦の1か月前、カペルはイギリス貴族の娘、ダイアナ・リスター・ウィンダムと結婚します。出世を望むカペルと結婚できないと自覚していたものの、シャネルにはやはりショックだったはずです。寂しさや、裏切られたという思い、怒りを感じたでしょう。また、カペルの出世に自分は役立つことができないという無力感もあったかもしれません。

シャネルは、カペルにもらったプレゼントをすべて返したそうです。

ところが、結婚後も2人の関係は何も変わらなかったのです。イギリスからカペルがフランスに頻繁にやってきては、シャネルとベッドで過ごすという生活が続くのです。シャネルは多少なりともカペルに幻滅していたでしょうが、別れ難かったのでしょう。

当時の上流階級にとって、結婚とはしょせん地位や名声や家系存続のための手段だったのです。加えて、極端な例ですが、カペルの妹ベルタの結婚は、シャネルがこうした人々の結婚に対して幻滅するのに十分すぎるできごとだったでしょう。

ベルタの結婚相手は、イギリスでも有数の資産家、ミッチェラム卿の長男です。2人の結婚を画策したのはカペルとミッチェラム卿夫人とされています。同夫人は、体重が100キロもある巨体で強欲なことで知られていました。彼女には2人の息子がおり、長男は先妻の子、次男は夫人の実子でしたが、夫ではなく愛人の子だったようです。

長男は当時18歳とまだ若く、しかも知的に少し足りなかった。夫人はベルタにこの長男と結婚するよう勧めます。ただし条件がありました。それは絶対に子供を作らないこと。自分（と愛人）の子供である次男に爵位と資産を継がせたいという意図は見え透いています。その代わり、一生一緒に生活する必要もないし、さらに今日の金額で六千万円を毎年与えるというのです。名目だけの結婚と引き替えに経済的な自由が得られる、この「取引」を、ベルタは承諾します。

結婚の策略が練られていた頃、ベルタの義理の父親となるミッチェラム卿は病に伏していました。この結婚についてほとんど知らされていなかったのでしょう。しかも、2人が結婚式を挙げた3日後、ミッチェラム卿は亡くなります。恐ろしいタイミングです。

カペルはなぜ、こんな結婚を妹に勧めたのでしょう。経済的にいい思いをさせてやりたいと思っていただけのことなのか。夫人とカペル自身が愛人として通じていたという説もあるようです。

時は流れて40年後、別々に暮らしていたベルタとその「結婚登記上の」夫がカジノでたまたま同席します。互いに遊ぶ金はたっぷりあったものの相手の顔すら忘れている。夫がその場にいた給仕長に「この老婆はどこかで見たことがあるが誰かね?」と尋ねたところ、「あなた様の奥様でございます」という答え。それを聞いて彼はそっと立ち去ったそうです。

カペルがシャネルを愛していたことは確かでしょう。とはいえ、妹にこんな結婚をさせるような男です。愛で結婚するほど単純ではない。ボーイ・カペルを素敵な紳士と想定する人は、こういう現実も知ってください。

話を戻しましょう。カペルが結婚した翌年、つまり1919年のクリスマスの数日前、パリでシャネルと過ごした後、カペルは家族と休暇を過ごすため、買ったばかりの高級車に乗って妻の待つ南フランスのカンヌへと向かいます。結婚から14か月、奥さんとの間にはすでに一人娘が生まれており、2人目を身ごもっていました(ずいぶん早いです!)。

カンヌの近郊へとさしかかったとき、車のタイヤがパンクし単独の自動車事故を起こします。運転手を務めていた自動車修理工は、けがのみで助かりましたが、カペルは炎上した車内で死亡します。

こうして突然、カペルとの関係が終わりました。彼の結婚によりシャネルが幻滅を感じていたこともあるでしょう。しかし、彼の死によって2人の関係は、一生続く永遠の美しい思い出へと変容していくのです。

翌1920年2月にロンドンタイムズに公表された遺言によりカペルの妻子とは別に、シャネルにも4万ポンド（今日の金額で120万ドル）が遺されます。決して少ない額ではありませんが、シャネルはその金額自体に大きな意味は感じなかったのではないでしょうか。ところで、シャネルにとって初耳でしたが、カペルはもうひとり若いイタリア人の伯爵夫人も愛人にしており、この女性にも同額の遺産を遺していました。

シャネルの恋愛にはいつもドラマがあります。愛する人と結ばれない「獅子座の女」伝説の始まりです。

姉と妹の死

カペルがこの世を去った前後に、シャネルは2人の姉妹を失います。

先に亡くなったのは姉のジュリアでした。叔母のアドリエンヌと妹のアントワネットは頻繁にシャネルの店を手伝うことになりますが、姉のジュリアは同じ孤児院に入ったにもかかわらず、その後のシャネルの人生に出てきません。その理由としては、店を手伝うほどの知的能力がなかったとも言われています。そして母親と同じように、行商人のプレイボーイに騙されて妊娠させられました。彼女が死亡したとき、シャネルとは縁遠くなっており、自殺したとの噂もありましたが、正確な死因も、彼女の事実上の夫とその後の運命についてもよくわかっていません。しかし、当時6歳だった彼女の息子アンドレ（シャネルにとっては甥）をカペルが通ったイギリスの寄宿学校に送り込み、きちんとした教育を受けさせました。

ジュリアは決して幸福な人生ではなかったようです。繰り返しますが、普通に生きていればこうなる家系でした。弟2人もそうです。奴隷のように農民に使われ、放り出されてからは父親と同じように行商人になりました。当時の大多数の人々は生まれに応じた人生しか歩めませんでした。

しかし、シャネル、そしてシャネルと行動を共にした妹と叔母は、近所づきあいの束縛を超えて独自の人生を切り拓くことができたのです。

アドリエンヌは、ムーラン時代に知り合ったモーリス・ド・ネクソン伯爵と二十数年の交際を経て、この縁談に反対し続けた伯爵の両親の死後、ようやく結婚します。めでたい話にもかかわらず、シャネルは彼女に店の仕事を手伝い続けてもらいたかったので、おもしろくなかったようですが。

妹のアントワネットは、カペルが亡くなる1か月ほど前、1919年の11月11日に結婚します。この日は第一次世界大戦が終わってちょうど1年後の終戦記念日です。立会人を務めたのはカペルでした。

相手はカナダ空軍のパイロット、オスカー・フレミング。飛行機乗りといえば当時はあこがれの職業で、アントワネットは制服姿にコロッとやられた。他方、フランス人女性も英米人男性からはコケティッシュとされて大いにモテました。コケティッシュは、日本語では「艶めかしい」と訳されますが、セクシーとかわいいがかけ合わさったような感覚でしょうか。

　アントワネットはメイド一人と大量のスーツケースを持ってカナダに渡りますが、夫の実家と上手くいきませんでした。連れてきたメイドは夫の家族に「猿」と呼ばれ怒ってフランスに帰ってしまう、姑《しゅうとめ》は、タバコを吸いアクセサリー好きの嫁を快く思わず嫌みを言う。気が滅入っていたアントワネットに、シャネルはカナダでの販売代理権を与えます。仕事をすれば気分転換になるわよ、と。しかし、デパートに売り込みには行ったものの、結果はかんばしくありませんでした。

　彼女はフランスに帰りたいと強く思い始めますが、そうこうしているうちに、シャネルが妹の寂しさをまぎらわせようとでもしたのでしょうか、パリから自国に帰る19歳のアルゼンチン人青年をフレミング家に立ち寄らせます。しかし、これが徒《あだ》となります。アントワネットは彼と恋に落ちてしまうのです。青年が祖国へ帰ると、後を追ってアルゼンチンへと渡ってしまう。シャネルはアントワネットに南米の市場調査をさせたようですが、駆け落ちから数か月後にスペイン風邪で亡くなります。スペイン風邪は第一次世界大戦前後に世界的に流行した新型インフルエンザで、感染者数は6億人、死者数は5000万人と言われています。

③ビジネス成長期（27～36歳）

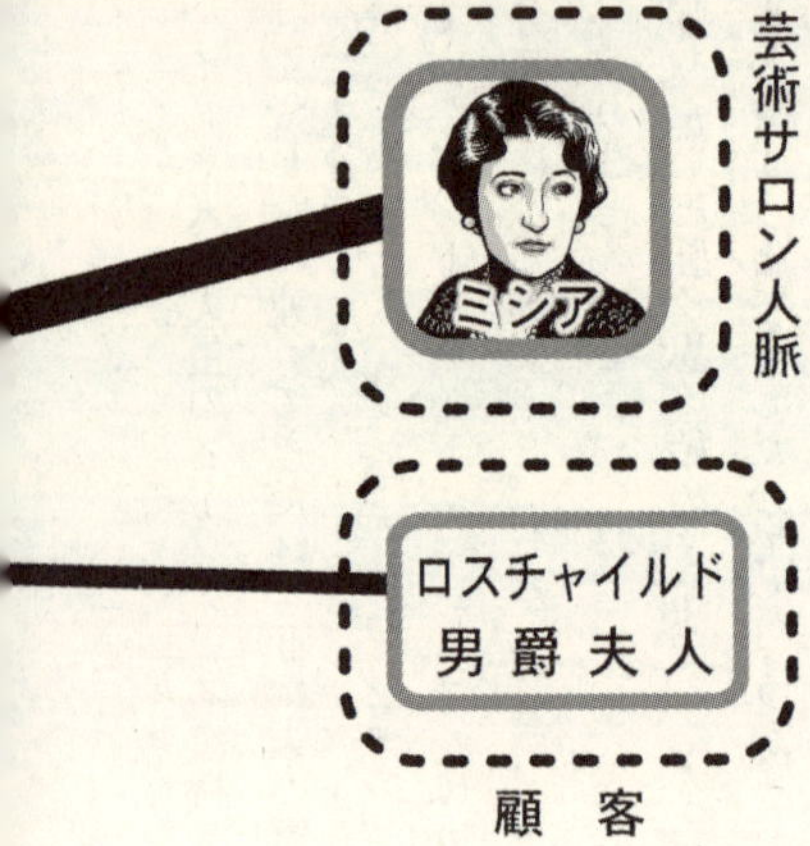

旧バルサン人脈であるカペルらを最大限に活用してビジネスを成長させた時期。もっとも信用できる「近所づきあい」である妹アントワネットと叔母のアドリエンヌが右腕となり、シャネルを支えた。第一次世界大戦やロスチャイルド男爵夫人が顧客になるといった偶然もシャネルのビジネスを良い方向に仕向けた。この頃まではカペルという有力なビジネスパートナーと強運に支えられた部分が大きい。カペルの急死により成功が頭打ちになっても不思議ではなかったが、シャネルの一生の友となるミシアとの出会いがこれを救った。

カペル
家族・親戚
妹アントワネット
叔母アドリエンヌ
シャネル
ダヴェリ
愛人関係
強い関係
普通の関係

第一次世界大戦を機に富と名声をつかんだシャネルですが、その反動がきたかのように最愛のカペルと、ビジネスの片腕であった妹を失ってしまいます。

2章まとめ

■内と外に経営資源を持つ強み

ここまでのシャネルの成功パターンは、あらゆる成功したビジネス、企業の成長期に見られるものです。近所づきあいと遠距離交際、言い換えれば「内」と「外」に経営資源を持っている。

シャネルの場合、店の運営を妹と叔母（近所づきあい）に任せ、カペル（遠距離交際）を通じて顧客や取引先、さらには英仏両首脳にもつながるような高度の情報を得ていた。

シャネルは結婚が無理だと気づいたからか、カペルへの一方的な依存を脱却しようと試みた形跡があります。借金をすべて返したことです。金銭の貸し借りがなくなることで、関係が切れてしまうリスクもあったでしょう。しかし、自立心の強いシャネルのことですから、ひとりの男に依存するリスクもわかっていたのではないでしょうか。

カペルとの遠距離交際も、交際が長く固定化することで「近所づきあい」へと変化するリスクもあった。ところが、実際は彼の死により、存在自体が消え去ってしまうのです。

もちろん、彼を通じてできあがったネットワークは活用できたでしょうが、そのままではビジネスの成長は止まってしまったかもしれません。

■場所が促すリワイヤリングの力

ムーランのカフェ・コンセールが、階級をまたぐ出会いの場所であったように、シャネルとカペルが支店を出すのに選んだドーヴィルやビアリッツも、2つの国の境界近くにあり、異国の人が交わる場所でした。

歴史を振り返ってみても、異なる国が交わることで栄えた都市があります。香港やシンガポール、かつての日本でも長崎や神戸、横浜といった海外との交流拠点は経済的に栄えただけでなく、新しい文化の発信地でした。現在の東京都内ならば外国人が多くIT企業が集う六本木。海外の人とはもちろん、同じ日本人同士でもしがらみがなくつながることのできる雰囲気、場の持つ力があると考えられます。つまり、マージナルな場所はリワイヤリングが活発におこなわれる場所でもあるのです。

日本人にとって馴染みのあるのはハワイでしょう。海外ではありますが、日本人が多く開放的になっている。しかも、東京のように空間が広大で人も多すぎる場所にくらべて、ある程度狭い空間に人が集まることで「出会い」が起きやすい場所です。

飛行機のファーストクラスやビジネスクラス、新幹線のグリーン車での偶然の出会いが、ビジネスにつながったという話もよく聞かれますが、それも同じ原理です。限定された空間には人をつなぎやすくする特性があるのです。

しかも、ハワイでもグリーン車でも、そこへ行ける（乗車できる）ということは、一定以上の収入があるわけですから、有力な人物につながりやすい。日本人同士だけではなく、アメリカ側から見ても、ハワイまで行って休暇を過ごせる人は裕福で社会的影響力の強い人です。偶然ではないのです。カンヌやニース、モンテカルロも街全体がファーストクラスです。しかも、皆お祭り気分で来ていますから、パリ、ロンドンでは出会えないような人とも会え、つきあいが始まりやすいのです。

芸能人がお正月になるとハワイに集まるのも、日常の日本では話しにくいような情報を気軽に交換できるからなのかもしれません。

情報交換なら電話やメールでも可能ですが、本当にコアな情報は対面接触、濃密なおつきあいの中からしか生まれないものです。やはり生身の人間の接触が必要です。

そういう意味で、ＩＴ企業が六本木に集まってヒルズ族などと呼ばれるのも虚栄心だけではない意味があるはずです。ＩＴを使いこなせば、日本のどこでも仕事はできるはずですが、あえて同じ場所に集まり、飲食を通じて対面で情報交換する。その深い意味を経営者は感じているのでしょう。

普段いる場所とは別の場所を見つけて出かけること、それが偶然の出会いを呼び込む方法のひとつです。

一生、子供を産むことがなかったシャネル

後に大プレイガールとして名を馳せることになるシャネルですが、子供を産むことは一度もありませんでした。このことが結婚を遠ざけ、結果としてより多くの男性とつきあい、リワイヤリングを加速させていくのですが、その原因はバルサンとの関係によって生じています。

バルサンの子供を中絶しているようなのです（一説によると2回も）。調査できた範囲では、フランス語の文献には明記されていないのですが、英語の本には書かれています（Axel Madsen, 1990, *Coco Chanel*）。シャネルが生きていた時代、1971年に亡くなったときでさえフランスでは中絶が非合法で、関わった医者だけでなく手術を受けた女性も収監されていたようです。バルサンが金を使って闇医者に中絶手術をさせ、それが原因でシャネルは子供ができない身体になったことが推

測されています。

シャネルが生涯バルサンとのつきあいを認めなかった、バルサンも公にはシャネルとの関係を話さなかった。2人とも何十年も沈黙を守っている。私は最初このことが不思議でしょうがなかったのですが、非合法だった中絶の後ろめたさが関わっていたとすれば、話に整合性があります。もちろん、出生証明書のように記録が残っているわけではありませんが、蓋然《がいぜん》性（確からしさ）は十分にある話ではないでしょうか。

3章

「人生を爆発的に充実させる」技術

1920年（37歳）から1939年（56歳）

数多くの恋愛が彼女とその仕事を成長させる

カペルの死は、シャネルに計り知れないダメージを与えました。精神的に落ち込み、ほとんど何もする気が起きなくなった。借金こそ返済してはいましたが、ビジネスとしてもカペルに頼るところが大きく、このままでは商売も頭打ちになっていてもおかしくありませんでした。そこそこに成功したデザイナーではありましたが、ファッション史に名を残すことすらなかった可能性もあったでしょう。

ところがシャネルは、カペルの死をバネにして、1920年代以降さらに爆発的な成功を収め、不朽の名声を得るに到るのです。

それを可能にしたのは、次々と新たな人物につながる、すさまじいリワイヤリングでした。しかも知人、そして愛人の幅は、芸術家や貴族、文化人、政治家、実業家などさまざまな職業、民族、国籍をまたぐものでした。それはまるで、カペルというひとりの男性に依存していた過去の自分に復讐しているかのような迫力さえ感じさせます。

そして、彼女の知名度が上がるとともに、マスコミからはスキャンダラスな「恋多き女」として扱われるようになります。実際に彼女が、「もう二度と恋愛には本気にならない」と決意した形跡もあります。

ただ、誤解して欲しくないのは、シャネルは意味なく多くの男を渡り歩いた単なる淫乱などでは決してなかったことです。世間からはスキャンダラスに見られていても、彼女はそれぞれの相手を周到に選び、恋愛そのものにより、自分を向上させていきます。そしてビジネスも多彩に展開して発展させていくのです。

さらに特徴的なのは交際を通じて、彼女自身の人生はもちろん、相手の人生を向上させることも多く、愛人関係が終わった後も長く友情が続き、良い影響を与え合っていたことです。

生涯の親友ミシアとの出会い

1920年代にシャネルは大きく飛躍するのですが、それをあたかも予兆させるかのような下準備が、カペルの死の2年ほど前にありました。先述したように、〝サロンの女王〟として知られていたミシア・セールとの出会いです。

ミシアは、ポーランド系の名門家庭の出身。音楽家や芸術家の一族で、ミシア自身若かりし頃は将来を嘱望されたピアニストでした。8歳の頃、祖母のサロンに出入りしていた大ピアニスト、フランツ・リストの膝《ひざ》に乗って彼の超絶したピアノ演奏を直に聴いていました。クラシック音楽ファンなら驚くような、すごい環境で育っているのです。

ミシアの師匠であった作曲家ガブリエル・フォーレは、彼女が最初の結婚を理由にプロのピアニストの道を断念すると聞いて、大変残念がったそうです。

その後2度の離婚を繰り返し、ミシアは音楽家、画家、詩人、作家など幅広くアーティストとの社交をおこなう〝サロンの女王〟として知られていきます。

パリに開いたサロンには、著名なアーティストを招き支援しています。

画家ではボナールやルノアール、ロートレックらが彼女に恋をして、その絶頂期の肖像画を描いています。またプルーストの有名な長編小説『失われた時を求めて』にもミシアがモデルとされる女性が登場します。

先述のようにシャネルとミシアが出会うきっかけを作ったのは、例のロスチャイルド男爵夫人です。彼女はシャネルに、当時絶大な人気を誇っていた大女優セシル・ソレルを紹介します。ソレルは、シャネルのことが気に入り、舞台や自宅で開くレセプションでシャネルの衣装を着用し、セレブたちへの宣伝に一役買っていました。

そしてセシルとの出会いから3年後の1917年、ソレル宅の昼食会でシャネルはミシアと初対面します。

シャネルとミシアは相通じるものがあり、たちまち意気投合します。後に「ミシアは私の唯一の友だちだった」とシャネルが語ったように、2人は深い友情で結ばれるのです。

シャネルが語るミシアの性格は、成功に対する渇望が強く、これと思った相手のためなら骨を惜しまない。大芸術家たちに囲まれて生きてきたにもかかわらず、本人には教養もなく、本はおろか手紙さえ読まなかった。言うまでもなく、シャネルとも共通する性格です。

シャネルはミシアと出会ったセシル・ソレル宅の昼食会で、後に深い親交を持つ、作家のジャン・コクトーやスペイン人画家、ホセ・セールとも知り合います。恋多き女としても有名だったミシアは、このパーティーの1か月後、ホセ・セールと3度目の結婚を果たしミシア・セールとなります。

シャネルがカペルの死から立ち直れたのは、ミシアのおかげです。ミシアは涙に暮れていたシャネルを、自分のハネムーンに同行するよう誘います。行き先はイタリアのヴェネツィア。それまでほとんど外国旅行をしたことのなかったシャネルですが、これが良い気分転換になったようで、再び元気を取り戻します。

この旅行の最中、シャネルはロシアバレエ団の創設者である芸術プロデューサー、セルゲイ・ディアギレフに出会っています。彼が公演したストラヴィンスキー作曲の『春の祭典』は、複雑なリズムや不協和音を多用した曲で、後に高い評価を受けるのですが、1913年のパリ初演では観客からまったく理解されず、シャンゼリゼ劇場は大騒動になったようです。斬新な芸術作品が最初のうち理解されないことは珍しくないことです。

彼は『春の祭典』の再演を果たすべく、スポンサーをミシアに頼みます。それまで、積極的にディアギレフを援助していたミシアですが、この頃は経済的に余裕がなかったため彼の依頼を断ります。

かわりに資金を提供したのはシャネルでした。シャネルは出会って間もないディアギレフを密かに訪ね、公演に十分すぎるほどの額を出すと申し出ます。ただし、そのときの条件は、「私がお金を出したことは誰にも言わないこと」。これは、サロンの女王として君臨していたミシアへの気兼ねでしょう。横からスポンサーに名乗り出て、彼女の顔を潰すわけにはいかなかったのです。

後に、自らサロンを開き、さまざまな芸術家と交流し、彼らのパトロンとなるシャネルですが、そのお手本、ロールモデルとなったのがミシアです。シャネルにとってミシアは、生涯の友人でありながら、芸術家たちとのつきあい方を教えてくれた11歳年長の大先輩でもありました。

妻子ある天才作曲家、ストラヴィンスキーを別荘に囲う

悲しみから立ち直ったシャネルは、再び恋愛を開始します。

手始めはロシア出身の音楽家、イーゴリ・ストラヴィンスキーでした。クラシック音楽ファンなら、彼の名前はご存じでしょう。ディアギレフが起こしたロシアバレエ団のために『火の鳥』『ペトルーシュカ』『春の祭典』を作曲したことでも有名です。

ストラヴィンスキーはロシア革命で土地を奪われ、スイスを経てパリにやってきていました。亡命ロシア人で、先ほど書いたように、その『春の祭典』の初演が興行的に失敗したこともあり、経済的に苦しい生活を送っていました。ディアギレフからストラヴィンスキーを紹介されたシャネルは、彼にパリ郊外にあった自分の別荘に滞在してはどうかと提

案します。彼にとってはありがたい申し出でした。妻と4人の子供を連れてシャネルの別荘に引っ越して住むようになります。

ストラヴィンスキーのために用意した書斎にピアノを入れ、そこで彼は作曲活動を続けます。シャネルはしばしば別荘に彼を訪ねては、直接クラシック音楽の手ほどきを受けるようになります。世界でもトップクラスの作曲家から習うのですから、最高の贅沢です。かつて歌手になりたかったシャネルにとっては、夢を別の形で果たした気分だったのではないでしょうか。

そして、いつしか2人は恋に落ちます。シャネルは妻帯者だったストラヴィンスキーを寝取ってしまうのです。

映画『シャネル&ストラヴィンスキー』では、気の弱いストラヴィンスキーが次第にシャネルに入れ込んでいく様子がよく描かれています。彼がシャネルに好意を持ち、関係したことは同じ屋根の下で生活する妻にはお見通しでした。

こうした関係が長続きするわけもなく、1年たたずして2人は別れるのですが、この経験はシャネルが芸術家との交際に味を占めるきっかけになったのかもしれません。

自分がなりたかったキャバレー歌手などをはるかに超えた、第一級のオペラ歌手や女優、音楽家、画家、作家など多才な一流芸術家たちとミシアを通じて知り合えた。自分自身が芸術家になるのは無理でも、芸術家とつきあうことでその世界を征服してやろうとしたのでしょうか。シャネルには、それができる経済力がありました。

ロシアの亡命皇族から宝石とデザインのヒントを得る

ストラヴィンスキーとの交際と並行して、シャネルはロシア皇族、ドミトリー大公（ドミトリー・パヴロヴィチ）とつきあいます。ドミトリー大公は、ロシア帝国最後の皇帝ニコライ2世の従弟です。シャネルより11歳年下、シャネルと知り合ったときは29歳という若さでした。手足が長く、顔が小さい美男子で、プレイボーイではあったようですが、物静かな性格だったようです。

ロシア宮廷を翻弄《ほんろう》し帝政ロシアを崩壊に導いた〝怪僧ラスプーチン〟の名をご存じの方も多いでしょう。彼は祈禱《きとう》でさまざまな病気を治すことによって信者を増やし、血友病だった幼い皇太子の〝治療〟によりアレクサンドラ皇后の信を得ます。信憑《しんぴょう》性についてては不確かなのですが、その愛人になったという説さえあります！　そして、ついには政治に口を出すようになったため、暗殺されます。そのときのエピソードは、まさに〝怪僧〟と呼ぶにふさわしく、青酸カリの入ったケーキを食べ赤ワインを飲み干しても死なず、4発の銃弾を受け、さらに暴行されても息をしていたため、最後はネヴァ川の氷に穴を開け、投げ込まれてようやく絶命した、というのです。

ラスプーチンの暗殺を計画し実行したのは、反ラスプーチン派の皇太子たちでした。ドミトリー大公はそのひとりだったのです。

しかし、この暗殺はラスプーチンを盲信していたアレクサンドラ皇后の怒りを買い、ドミトリー大公は第一次世界大戦中のペルシャ戦線（現在のイラン）に送り込まれます。軍務という形をとっていますが要は国外追放です。ところが、このことは、彼にとって結果的に幸運でした。ロシア革命が起こり、皇帝一家をはじめほとんどの皇族は処刑されてしまいます。ドミトリー大公の父親も殺害されています。しかし、ドミトリー大公はロシア国内にいなかったことで処刑を免れ、ロンドンに亡命することができたのでした。

シャネルと最初に出会ったとき、ドミトリー大公は歌手マルト・ダヴェリの恋人でした。ダヴェリとはバルサン人脈で知り合った長年の友人です。シャネルが彼に興味を持ったのを察したダヴェリは、「彼はつきあうのに金がかかりすぎる」とシャネルに漏らし、恋人を譲るそぶりを見せます。実際、彼はロマノフ王朝伝来のいくつかの宝石こそ隠し持っていましたが、現金はほとんど持っておらず、贅沢な生活を維持するためにダヴェリは大金を使っていたのです。

ストラヴィンスキーのときと違い、誘惑したのはシャネルの方でした。甘えるような声をかけ視線を送り、ドライブへと誘い、カジノで遊んだ。そして、シャネルの新しい愛人となったドミトリー大公は、執事一人をともない、ストラヴィンスキー一家が居候するパリ郊外のシャネルの別荘に転がり込んできます。元皇族が家主の新たな愛人としてやってきてしまうわけですから、いたたまれなくなったストラヴィンスキー一家は別荘から立ち去ります。

ドミトリー大公との交際は1年ほどで終わります。シャネルと別れた後、ドミトリー大公はアメリカの金持ち夫人と結婚します。彼にとっては金銭的な理由が第一。貴族は死ぬまで贅沢するために生きている、という見本のような人生です。しかし、シャネルとの友情は一生続いたようです。

ドミトリー大公、そしてストラヴィンスキーという2人のロシア人との交際は、シャネルのデザインに影響を与えています。刺繍《ししゅう》が施されたロシアン・ルック、ロシアの農民風のペザント・ドレスなどがシャネルの手によって生まれ、フランスの上流階級の女性が身にまとうようになったのです。

しかしながら、ロシア人脈がもたらした最大の成功は香水『シャネルの5番』でしょう。

ベストセラー『シャネルの5番』の誕生

香水『シャネルの5番』（No.5）といえば、その名を知らない人はいないほどの世界的ベストセラーです。その香りを知らない人でも、「寝るときに何を身に着けている？」と質問されたマリリン・モンローが、「シャネルの5番よ」（つまり裸で寝ている）と答えたエピソードはご存じではないでしょうか。

『5番』誕生のきっかけを作ったのはドミトリー大公です。彼はエルネスト・ボーという調香師をシャネルに紹介します（紹介したのはミシアという説もあります）。

ボーは、ロシア宮廷に雇われていたフランス人調香師の子としてロシアで育ったフランス人でした。ロシアの化粧品会社アルファン・ラレー社に入社すると、石鹼の研究員を経て、香水の担当へと変わり、ラレー社初の香水やロマノフ朝誕生300年記念の香水などを開発します。

ロシア革命によりラレー社は解体されてしまいますが、ボーや多くのフランス人研究者が祖国に戻り、香水の開発を続けます。彼はこのときすでに、後にシャネルの『5番』と『22番』となる香水のベースを作っていました。

ファッションブランドが香水を扱うのは、今では珍しくありませんが、そのパイオニアはポール・ポワレでした。1912年に発表されたポワレの『ロジーヌ』が最初だったと言われています。

シャネルにくらべると手がけたファッションは保守的だったポワレですが、宣伝にイラストを活用するといった斬新な広告手法を取り入れていました。アメリカへの進出も早かったのです。ところが、ポワレはアメリカで自分のブランドのコピー商品が大量に出回っているのを見て憤慨。著作権保護の運動を開始し、自身はコピー商品の影響を受けないオートクチュールへ回帰してしまいます。この点は、コピー商品を、どうせ防げないのだからと、無理に争うことはせず、むしろ真似されることを名誉と考えたシャネルとの大きな違いでしょう。

独創的であったシャネルといえども、すべてを無から生み出したわけではありません。ファッションブランドの香水をはじめ、ポワレなど先輩クチュリエの作ったフォーマットを活用し、発展させていったのです。

『5番』が革新的だったのは、合成香料のアルデヒドを初めて主原料に使ったことです。その最大のメリットは香りが安定して持続すること。それまでの香水は、花などの天然成分で作られていたため、香りが長持ちしませんでした。夜会のときなど、女性たちは香水を2時間ごとに、しかもふんだんに付け直さなければならなかったのです。それに対して『シャネルの5番』は、ほんの少量で8時間ぐらい香りが持続する。しかも約80種類の香料がブレンドされており、複雑で奥深い香りに仕上がっていました。

シャネルは、香水でも実用性を重視しました。当時は天然の素材ではない香水に対する偏見があったのかもしれません。しかしシャネルには、因習的な考え方は通用しません。自由な発想により、合理的であれば何でも積極的に取り入れます。この感覚は、香水や服だけではなく、アクセサリーでも同様でした。イミテーションの宝石を積極的に取り入れたのもその典型です。美しいものなら何でもいい。むしろガラス玉の方が海水浴で水につけても平気ですし、盗まれても損害は少ないし、いいじゃないという考え方です。そして、市場もその考え方を受け入れます。

ボーという人は芸術家気質でありながら、たぐいまれな化学者でした。そして、シャネルは彼のイノベーションの商業的な意味に最初に気がついたクチュリエだったのです。

ボーが試作した10種類の香りには番号が振られ、その中から最終的にシャネルは『5番』を選び取り、それがそのまま商品名になりました。

シャネルのラッキーナンバーが5だったから選んだという説もあります。しかし、それだけではないでしょう。実際シャネルは匂いに敏感だったようです。後に定宿となるホテル・リッツのレストランでは、他の客の料理の臭いが気になるというので、他のテーブルとの間に「ついたて」が置かれた。そんなエピソードも残っています。

試作品の香水の選び方にボー自身が「シャネルの嗅覚《きゅうかく》は天下一品だ」と驚いた。ヘビースモーカーだったにもかかわらず、あらゆる第一級の調香師とくらべても遜色《そんしょく》ないとさえ評価していたのです（もちろん、多少のお世辞はあったかもしれませんが）。

『5番』の瓶もまた、シャネルの価値観を強く反映しています。それまでの香水の瓶は一種の芸術作品でした。金や銀といった宝飾細工、花や天使をかたどったもの、マイセン、チェルシーといった陶磁器製の香水瓶が流行したこともありました。

それに対して、『5番』は薬瓶のようなシンプルで透明な四角いボトル。ラベルも「No．5」と書かれるのみ。ボトルに満たされた黄金色の液体は、まさに中身が革新的であることを印象づけます。発売から38年後の1959年、『5番』のボトルは優れたデザイン性によりニューヨーク近代美術館に展示されます。

商品名が数字であることも画期的です。一切の予断を許さず、何にも譬《たと》えることのないオリジナルな香りであることを主張しているようです。

シャネルは「香水をつけない女性に未来はない」という名言を残しています。従来、香水は体臭をごまかすために使われていました。しかし、シャネルは、身体を清潔にした上でファッションの仕上げとしてつけるもの、その香り自体がファッションである、という新たな価値観を創造したのです。

凋落したロシア貴族を店員に使うメリット

ロシアの文化や人脈をビジネスに活用してやろう、シャネルはそういう理由でドミトリー大公とつきあい始めたわけではありません。長身でハンサムというルックスに最初は強く気を惹《ひ》かれたようですが、結果的にビジネスにもつながっています。

これは、歌手を目指そうとカフェ・コンセールに出入りし、結果として帽子店を開くことができたのと似通った構図です。転んでもただでは起きない。見るもの、聞くもの、つきあう人のすべてが、アイデアのヒントとなる、根っからのデザイナー、ビジネスウーマンだったと言えるでしょう。

このように、芸術家でも、異国の貴族でも、自分のまわりにいないタイプとつきあうことが、自分の精神的な刺激になり、デザインにも良い影響をもたらす。最初のうちは無自覚だったでしょうが、いつの頃からかは意識的にやっていたのではないかと思われる節さえあります。

ロシア人脈で、ボーに次いで大きな存在だったのは、ドミトリー大公の姉、マリア大公夫人です。ロシア革命によりフランスに亡命してきていた彼女を、シャネルは新設したロシア・ルックのアトリエ責任者として雇い入れます。マリア大公夫人、そして彼女が呼び寄せたロシアの亡命貴族が手がけた、ニットや刺繍、ビーズ細工をあしらったドレスがたちまち人気となるのです。

また、英独仏3か国語に堪能で、身のこなしの良いロシア貴族を店のドアマンとして使ったこともあります。ドアマンはお客さんと最初に接する店員ですから、高級ブティックでは非常に重要な仕事です。彼はシャネルの目論見通《もくろみどお》り、上流階級の顧客に大変好評だったようです。

貴族だけではありません。この時期、多くの亡命ロシア人をお針子として低賃金で雇っていました。経済的に困っていたロシア人を助けると同時に、それ相応の利益を手に入れるのです。しかも、服が売れただけではありません。亡命貴族の持つヨーロッパ各国の貴族とのネットワークは利用しがいがあった。というのも、ロシアを含めてヨーロッパ貴族は互いに縁戚関係者が多いため、ロシア貴族の雇用により、パリだけでなくヨーロッパ中の貴族上流社会の動向がシャネルの周辺で手に取るようにわかるようになり、商売に役立ったからです。こうして、ドミトリー大公と姉マリアのもたらした人脈は、さらに後に計り知れない利益をもたらすようになったのです。

大貴族をアクセサリーのデザイナーに起用

ロシアの亡命貴族は、経済的に落ちぶれていたとしても、ヨーロッパの最上位の文化が身に付いていました。シャネルもドミトリー大公とのつきあいで、こうした文化を直に知ることになります。大公は亡命したときにロマノフ王朝の宝石類を隠し持っていました。そして、巨大なエメラルドなどの宝石や細かい細工が施された宝飾品をシャネルにプレゼントしています。値段が付けられないほど貴重な品々であったに違いありません。普通の女性なら、「まあ、嬉《うれ》しい!」で終わりますが、シャネルはそこからヒントを得て、人工の宝石、ガラス玉でできた模造宝石のアクセサリーを開拓しているのです。

シャネルはアクセサリーのデザインにアイデアは出しましたが、1920年代以降、実際のデザインは2人の大貴族を雇って任せていました。

ひとりはフランス社交界に知られた大貴族、エチエンヌ・ド・ボーモン伯爵です。ボーモン伯爵は、頻繁に仮面舞踏会を催していたことで有名な人物。貴族にとってはこうした舞踏会など、社交がもっとも大事な〝仕事〟ですから、皆真剣になって衣装やアクセサリーに凝《こ》るわけです。

第一次世界大戦まで、社交はあくまで上流階級のためのものであり、ブティックに行って衣装を特注することはあっても、クチュリエが舞踏会に招待されるなんてことはありえませんでした。

上流階級出身のミシアはボーモン伯爵の舞踏会に招待されましたが、シャネルは呼ばれないのです。あるときボーモン伯爵が催した舞踏会で、ミシアが「シャネルが一緒じゃないと行かない」とクレームを入れますが結局聞き入れてはもらえず、2人は会場の外で過ごしたというエピソードも残っています。

こうした階級による差別的な扱いは、第一次世界大戦以降がらりと変わります。戦後になると、シャネルは同じボーモン伯爵から平身低頭、貴族以上の扱いで招かれるようになるのです。当時、彼は芸術家たちのパトロンとしても有名でした。レイモン・ラディゲの小説『ドルジェル伯の舞踏会』に登場するドルジェル伯のモデルは、ボーモン伯爵と言われています。

とはいえ、シャネルは貴族の舞踏会に呼ばれて満足するだけのクチュリエではありません。大貴族で芸術的なセンスがあったボーモン伯爵にジュエリーのデザインを依託するのです。

そして、ドミトリー大公から贈られたプライスレスな宝石と模造宝石をもとに、ボーモン伯爵の美的センスとシャネルの斬新なアイデアが組み合わさったアクセサリーがたくさん生まれます。

アクセサリーのデザインを任されたもうひとりの貴族は、イタリア・シチリア出身のフルコ・ディ・ヴェルドゥーラ公爵です。彼をシャネルに紹介したのは、アメリカの有名作曲家、コール・ポーターとリンダ夫妻でした。その背景にあったのは、1925年頃に起こったドル高騰です。ドルがヨーロッパの通貨に対して高くなったため、アメリカの文化人がこぞってパリに住み始めたのです。ヘミングウェイやヘンリー・ミラー、ドス・パソス、シンクレア・ルイス、スコット・フィッツジェラルドなどが続々とヨーロッパに渡ってきました。コール・ポーターもイギリスへ移住するつもりで渡欧したところで、シャネルに出会い、知り合いのヴェルドゥーラ公爵を紹介したのです。

シャネルは公爵の美的感覚が気に入り、1927年からジュエリーのデザインを任せます。本人はテキスタイル（布地）のデザインを希望したそうですが、シャネルは「いえ、ジュエリーをやってちょうだい」と宝飾品デザインをやらせます。そして結果として数々のすばらしい作品を残しました。有名なのは、マルタ十字リリーフをモチーフにしたブレスレットで、シャネルについて書かれた多くの本に写真入りで紹介されています。

実際、彼ら貴族がどこまでデザインできるかは、始める前は未知数だったでしょう。最初、シャネルは彼らを宣伝広告塔のように使う目論見だったのかもしれません。日本でも

④絶頂期（37～56歳）

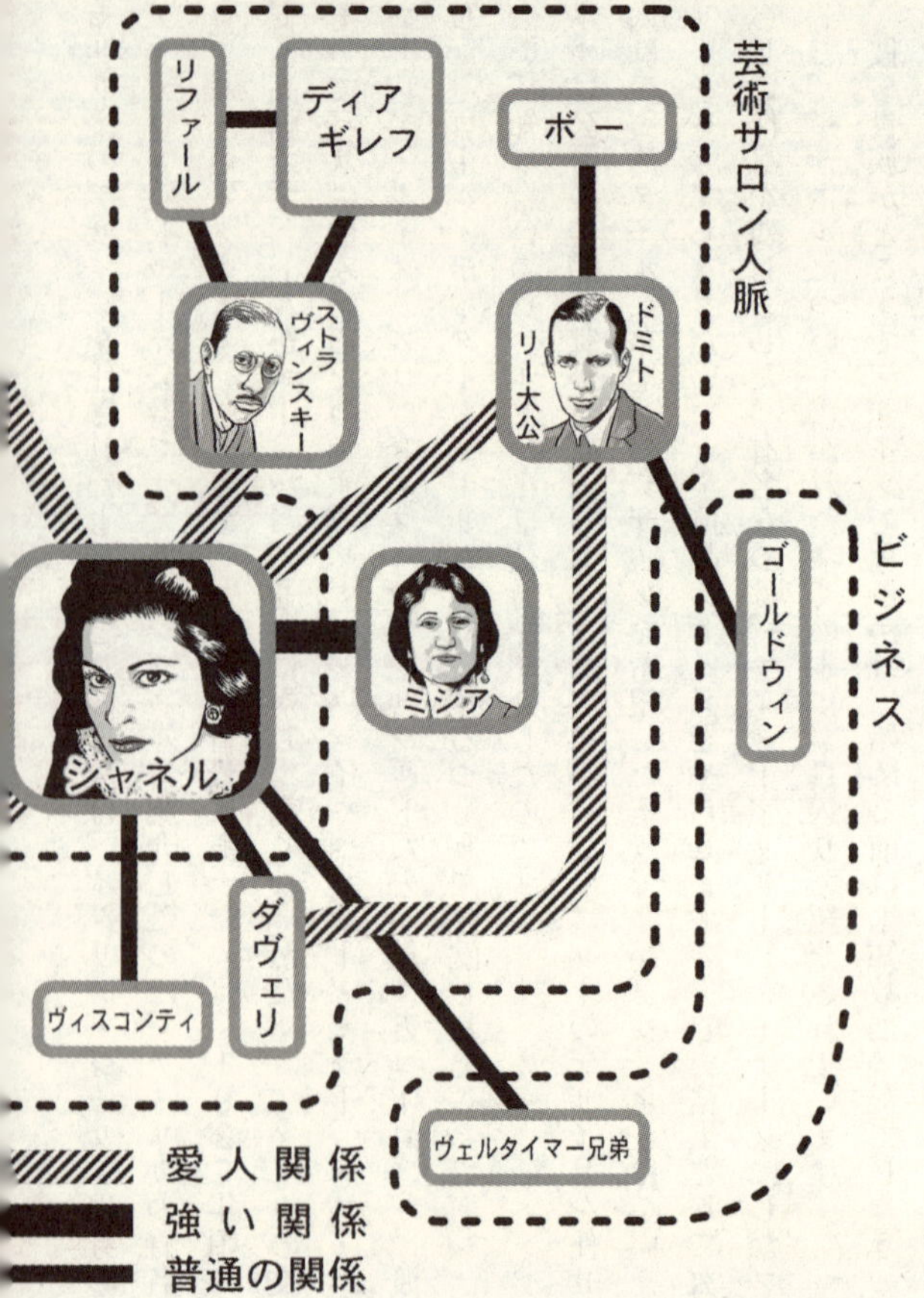
芸術サロン人脈
リファール
ディアギレフ
ボー
ストラヴィンスキー
ドミトリー大公
ビジネス
ゴールドウィン
ミシア
シャネル
ダヴェリ
ヴィスコンティ
ヴェルタイマー兄弟
愛人関係
強い関係
普通の関係

カペルを失ったことから立ち直り、シャネルブランドを不動にしたのがこの時期。フランスのみならず欧米の文化、芸術界を網羅するかのようなネットワークを築いている。ビジネスとしては香水やアクセサリーを手がけ、ハリウッドにまで進出。アーティストとの交流や支援により、単なるデザイナーを超えたセレブリティとして名声をとどろかせた。また、ウェストミンスター公爵との交際を通じて、その縁戚でもあった英国首相チャーチルなど政界とのつながりもできている。

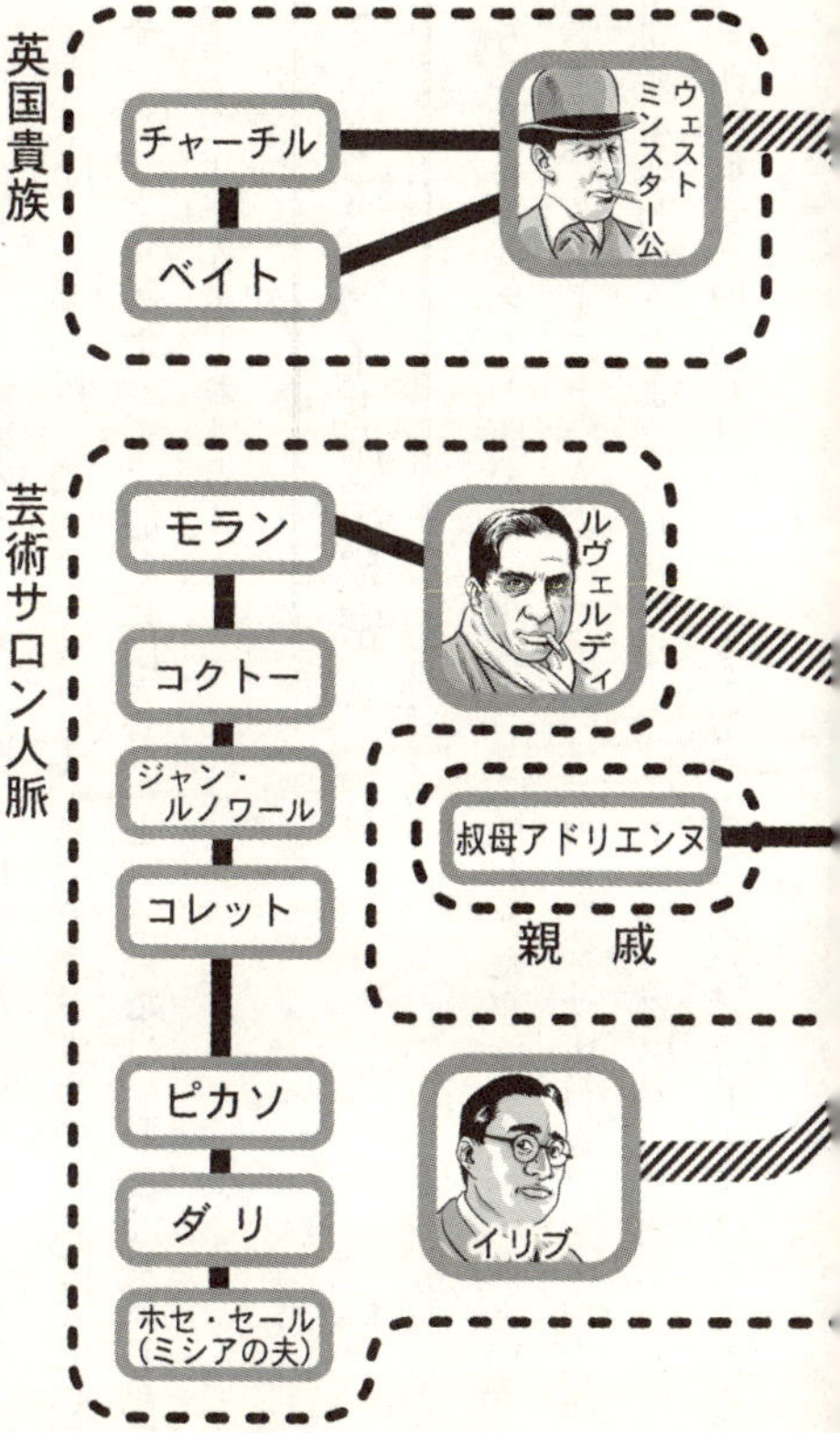

タレントがプロデュースやデザインを手がけたと宣伝されるファッションやアクセサリーがあります。あれと同じように実際にはデザインしていなくても、貴族がデザインしたと謳《うた》うことで、上流階級やブルジョアといった一流好みの客は飛びつくはずだからです。このあたり、シャネルは実にやり方が上手い。

しかし、ヴェルドゥーラ公爵のセンスや才能は本物でした。彼はシャネルの下で8年間ジュエリーデザインを手がけた後、ニューヨークに渡りアメリカでもめざましい活躍を見せたのです。シャネルによって才能を見出されたという点では、数多く交流した芸術家のひとりと言ってよいかもしれません。

店のミューズ、ベイト嬢の秘密

1925年からシャネルの店のミューズとして雇われたヴェラ・ベイトというイギリス人女性がいます。ミューズというのは、いわば今のカリスマ店員とプレス（広報）担当、そしてモデルも兼ね備えたような存在です。ベイトはルックスがよく着こなしが上手でした。シャネルは彼女に服を着せてさまざまなところへ出かけさせ、マスコミから写真を撮られるよう仕向けました。

もともと、ドーヴィルの店で妹のアントワネットに店の帽子や服を着けさせて街を歩かせた経験がありますから、それをさらに発展させたものと言えるでしょう。

実はベイトは、英国王ジョージ5世の夫人、その弟の私生児でした。つまり、私生児とはいえ英王室につながる高貴の出でした。英王室は愛人や私生児にたいしておおらかですから、子供の頃は国王や皇太子、また後に首相となるウィンストン・チャーチルにもかわいがられていました。

そういう出自もあって、ベイトはカペル亡き後のシャネルのイギリス人脈にとって非常に大きな存在となります。後にシャネルの愛人となるウェストミンスター公爵を紹介したのもベイトですし、第二次世界大戦中にはシャネルがイギリスとドイツを股にかけたスパイ映画さながらの作戦にも巻き込まれることになります。

サロンを作り芸術家たちと交流

ファッションビジネスで大成功したシャネルですが、成金にありがちな、有名な絵画を買いあさるということは一切しませんでした。

彼女が何にお金を使ったか。簡単に言うと、「人」であり、「ネットワーク」であり、さらにその先にある「コミュニティ」です。

とくに芸術家へはかなりの投資をしています。投資と言っても、作品を青田買いして高く売ろうとか、店の広告に出てもらおうとか、そういった見返りは考えていません。もちろん、誰にでも芸術に投資することで自身の征服欲が満たされる側面はあります。シャネルにも超一流のアーティストをサポートしているという自負が少なからずあったでしょう。

芸術家たちとの交流のお手本となったのはサロンの女王と呼ばれていたミシアでした。彼女と同じように、シャネルも1920年以降、パリのフォーブル・サントノレ通りの自宅でサロンを開くようになります。

18世紀風のアパルトマンの1～2階を借り、グランドピアノを設置、中国風のコロマンデル屛風を立てかけました。部屋に並べる美術品や調度品の選択は、ミシアとホセ・セール夫妻に助言してもらったようです。

書棚には革張りの高級な本をたくさん並べました。とはいえ、自分で選ぶような教養も知識もありません。本を選んだのは、モーリス・サックスという20歳ほどの若いユダヤ人の男でした。作家コクトーの秘書をしており、彼にかわいがられていました。2人ともバイセクシュアルでしたから、「かわいがられた」のは性的な意味も含めてです。

この時代の雰囲気をよく伝える『屋根の上の牡牛の時代』という著作で知られるサックスはうさんくさい男で、社交界から金を巻き上げるなかば詐欺師のような才能に長けていました。彼がシャネルのサロンのために本を選ぶのですが、その仕事の報酬は今日の金額で月に1万4000ドル。1ドル100円で計算すると140万円です。しかも、本代は別です。こうした文化教養顧問料を1回ではなく、おそらく5～6年は支払っていました。こうして得た金でサックスはホテル住まいを始め、執事とおかかえ運転手を雇って、夜な夜な遊び歩く毎日。この詐欺師のような遊び人にそれだけ法外な報酬を与えても何ともないぐらいシャネルは稼いでいたのです。

サロンには時代を代表する作家や画家、音楽家が集っていました。有名どころの名前を挙げてみましょう。

パブロ・ピカソ（画家）

サルバドール・ダリ（画家）
マリー・ローランサン（画家）
ジャン・コクトー（作家）
レイモン・ラディゲ（作家）
シドニー＝ガブリエル・コレット（作家）
ポール・モラン（作家、外交官）
ピエール・ルヴェルディ（詩人）
ジャン・ルノワール（映画監督）
セルジュ・リファール（舞踏家）
イーゴリ・ストラヴィンスキー（作曲家）
エリック・サティ（作曲家）
セルゲイ・ディアギレフ（バレエ興行師）

何人かはミシアのサロンと重なっていますが、当時のフランス芸術界の第一線で活躍し歴史に名を残した面々です。特にロシア・バレエ団のシーズン最終公演日の夜、シャネル宅で二十万フランかけて開催される壮麗なパーティーは「定番」となり、その80人ほどの招待客リストに名前が載るだけで一流文化人の証しとなったほどです。

サロンの上の階にはアパルトマンの大家である貴族が住んでいました。彼にとっては毎夜のように階下で大騒ぎされるわけで、うるさくてしかたがない。クレームを入れるのですが、シャネルは「嫌なら出ていけば」と、けんもほろろの対応。本当に巨額の退去資金を支払って出ていってもらったようです。

貴族との交流には一線を引く

シャネルにとってサロンはあくまでも芸術家たちとの交流が目的でした。自分の顧客である貴族など上流階級のご婦人たちを呼ぶことは、思ったほどありませんでした。

第一次世界大戦以前、クチュリエは上流階級の家に仮縫いで呼ばれることはあっても、社交の場に呼ばれることはなかった。それどころか街角で出会った貴族に知らん顔されることすら普通だったのです。こうした階級による差別に、シャネルが嫌な記憶を持っていたことが理由だったのかもしれません。

それにシャネルは孤児院出身の過去を隠していましたから、出会うやいなや「あなたはどちらの生まれ?」と出自を問う習慣のある貴族は、つきあいにくい相手でした。

その点、芸術家たちとのつきあいは気楽であり、刺激に満ちていました。貴族のように「過去」を問わず、「今」を評価してくれる。評価の基準はその人の才能であり、作品のみです。芸術家の間では、ココ・シャネルというだけで評価してくれます。作品(服のデザイン)についても率直な意見をくれたことでしょう。

芸術の世界では、性別も出身階級も、国籍も、民族も関係ありません。とくにパリは黒人の歌手やダンサーなど、これまでにない新しい文化がアメリカから流入してきていました。肌の色ですら関係ない交流は、シャネルにとって居心地が良かったことでしょう。

先ほど、シャネルはサロンに上流階級の顧客をあまり呼ばなかったと書きましたが、貴族とのつきあいを避けていたわけではありません。旅行に行くときなどは、好んで貴族を伴い、旅費や滞在費ばかりか、超高級なレストランでも全部シャネルが支払ったといいます。シャネルはその理由について、「連れて歩くのに貴族ほど最高なものはない。金さえ与えておけば上機嫌で社交上手、面倒なことは絶対に起こさないから」と語っています。単に好き嫌いではなく、相手を目的に応じて使い分けているのです。こうした社交慣れした一面もシャネルにはありました。

そう考えると、芸術家たちとのつきあいも、単純に楽しい以上の理由があったに違いありません。さまざまな利益を彼女が後々得られていることを考えれば、最初は直感的におこなったことでしょうが、非常に戦略性を持った行動だったと考えることができるのです。

芸術家たちとの交流がシャネルブランドの価値を高める

シャネルは何軒かの別荘も所有していました。これらも、自宅のサロンと同じように芸術家などとの交流の場でした。その中でも有名なのは、南仏ニース郊外の丘にあった「ラ・ポーザ」です。ラ・ポーザとはイタリア語で休息という意味です。

この別荘には、首相になる前のチャーチルも近くにいてよく訪れていましたし、サマセット・モームやヘミングウェイといった、そうそうたるベストセラー作家も同じエリアにいました。

ラ・ポーザでは超一流のシェフを雇い、いつでも食事ができるようにホットプレートも用意されていました。客人の多くは昼頃に起きてきて食事をし、雑談や海辺での散歩を楽しむなど、自由に過ごすのです。こうした休暇の中でシャネルと客人、また客人同士がお互いに信頼関係を強めていったのです。その中には、コクトーのように麻薬に溺れている者もいました。

しかし、別荘の主人であるシャネル自身は、毎朝7時に起きて、夜は早く寝るという、修道院のシスターのような生活を続けていました。いくら遊ぶ金があっても、破天荒で自堕落な芸術家と関わっていても、孤児院時代に培われた規律正しい生活を破ることはなかったのです。こうした規律ゆえに、晩年までファッション界の第一線で活躍することができたのでしょう。

シャネルのサロンや別荘では、あらゆる余裕を持った一流の人たちの交流がありました。たとえば、コクトーが演劇をやると一声かければ、オーリックが音楽を、ピカソが舞台芸術を、シャネルが舞台衣裳をといった感じで第一級の芸術家たちが気軽にコラボし、商業的な成功を超えた最高の芸術的パフォーマンスを目指すのです。こうして、シャネルは衣裳だけでなく場所を提供することで、芸術界の陰のプロデューサー、コーディネーターのような立ち位置をも自然に確保していきました。

それまでは無名で、シャネルのサロンに出入りすることで出世のチャンスをつかんだ人物もいます。ミラノから来た貴族、ルキノ・ヴィスコンティは、シャネルの紹介で映画監督ジャン・ルノワールの助手となり、それをきっかけに『郵便配達は二度ベルを鳴らす』『ベニスに死す』などの作品で知られる映画監督となっていくのです。

こうした交流が世間に知られるにつれ、シャネルブランドの価値も高まっていきます。「最高の芸術家たちと関わっているシャネル＝最高のブランド」というイメージが広まっていったのです。

その実利的な効果は決して小さくはありません。ファッションとは突き詰めれば虚業であり、評判がものを言う世界です。シャネルはこの「評判効果」について身体で知っていたのでしょう。最高級の芸術家や貴族階級との恋愛や交流が話題になることが、シャネルのブランド価値を高めていったのです。

芸術家たちとの交流でデザインに刺激

シャネルがアクセサリーのデザインを依頼したボーモン伯爵のように、芸術家のパトロンとなっていた貴族は昔からいました。しかし、第一次世界大戦以降、経済的な余裕のある貴族は急速に少なくなっていきます。

別件ですが、私自身もイギリスでの聞き取り調査で、老貴族夫妻に話を聞いたことがありました。彼らは、それまで屋敷に十数人いた召使いが第一次世界大戦で数人になり、第二次世界大戦が終わると一人もいなくなったと述懐していました。

貴族と入れ替わるように、第一次世界大戦で大儲けしたシャネルが芸術家たちのパトロンとなったのです。しかし、貴族階級とシャネルとでは、同じパトロンでも性質が異なります。かつては、芸術家は資金を援助してもらう代わりにパトロンのために芸術作品を作る、いわば売り手と買い手の関係でした。シャネルの場合は自身がデザイナーという一種のクリエイターでしたから、単にお金のつながりだけではない、お互いに尊敬しあえる関係だったのです。

つきあって楽しく、しかも経済的な援助までしてもらえるとなれば、シャネルのサロンに芸術家たちが集うのも当然でしょう。そして、シャネルにとっても、単にブランドの評判を高める以上のメリットがありました。それは彼らと交わることで、ファッションのデザインに刺激が与えられ質の向上に役立ったことです。

創作活動にとってマンネリ化を防ぐことは大きな課題です。とくに商業的に成功したデザインはなかなか変えることができません。シャネルは、ファッションという商業デザインとは異なる高等芸術の世界に触れることで、マンネリを打開しようとしました。

一流のデザイナー、芸術家はこういった試みを意識的に取り入れています。たとえば、名指揮者カラヤンが君臨していた時代のベルリン・フィルハーモニー管弦楽団は、世界中から一流の奏者を集めていたことで知られていますが、定期公演で年に数回は、技術的に著しく難しい現代曲を選んで演奏していました。そういった曲はメジャーではなく、客が入らないのは承知の上です。あえて、慣れていない現代曲を演奏することで、楽団員に新たな刺激を与え、その後、彼らが慣れ親しんだ古典楽曲に戻ったときに、新たな気づきが生まれ、より良い演奏へと進化させる手助けとなるのです。

いわば、トップアートと触れ合うことから得られる刺激は、シャネルの脳内に「遠距離交際」を生じさせ、新たな発想、デザインを生み出す素となっていたのではないかと考えられます。

ネットワークの中心には黙っていても良質の情報が入ってくる

サロンのようなネットワークの中心に自分がいる場所を持つと、さまざまな情報が自然に入ってくるようになります。

人間の認知能力には限界があります。今、インターネットには膨大な情報がありますが、いかに優れた知能の持ち主といえども、すべてを把握することは不可能でしょう。同じように、人間のネットワークでも知り合いの数は多いほど有用とはいえ、あるところで把握できる限界を超えてしまいます。

シャネルの場合、第一次世界大戦以前はお針子さんの数も数十人ぐらいで、まだ個人個人の顔と名前を把握していたでしょう。ところが、1916年にビアリッツに出店すると、従業員数は400人規模となり、1930年代になると、工場を含めてスタッフの数は4000人にも膨れ上がり、シャネル個人の認知能力を完全に超えてしまいます。社員が何を考えているかわからなくなり、不満や悪巧みが見抜けなくなってきます。これがワンマン経営だったシャネル社の限界でした。規模があるレベル以上に大きくなったあらゆる組織は、構造的に同じ問題を抱えるのです。

もちろん、シャネル社はこの時期、社内に機能別の各部門をつくって統制を図る一方、香水部門は別会社化し、模造宝石は外注に任せるなど、経営学的に見て「常套の手段」は着々と打っています。とはいえ、シャネル社の戦略を特異にしているもの、それはプラスアルファの部分で、トップのシャネルが打ち出した独特の人脈術にあるのです。

つまりシャネルは、サロンやヨーロッパ中の貴族社会に通じているロシア亡命貴族の従業員などを通して、外部のネットワークとのインフォーマルな接触を最大限に利用し始めます。すると、こうして組織の壁を超えて社外にも広く構築されたネットワークの中枢にいるだけで、外部から良質な情報がどんどん入って来るようになります。つまり、こちらからわざわざリワイヤリングを仕掛けなくても、向こうから次々とリワイヤリングしてくるので、じっとしていても世界の動向が手に取るようにわかるようになっていったのです。難しい言葉で言い換えると「被リワイヤリング能力」の涵養《かんよう》です。

芸術界から政界、実業界、上流階級などのコミュニティにそれぞれ数名の知り合いがいるだけで、こちらから出かけて行かなくてもビジネスを左右する政治経済の動向や人々の考え方、趣向の変化に関する情報が入ってくる。いわば、「果報は寝て待て」の状態になったのです。

こういった意味で、サロンやロシア亡命貴族がもたらしてくれた「遠距離交際」の効用は、彼女の会社経営にとっては、今で言う社外取締役に近い役割を果たしていたのかもしれません。

詩人ピエール・ルヴェルディとの純愛

シャネルの恋愛相手としては、かなり地味な存在に見えるのが詩人のピエール・ルヴェルディです。非常に真面目な性格で、労働を重んじていたルヴェルディは、芸術家たちの浮かれ騒ぎとは一線を画していました。そのせいか、若き修業時代をモンマルトルでともに過ごしたピカソやブラック、コクトー、モディリアーニらが次々と成功して有名になる中、晩年まで富や名声を得ることはありませんでした。むしろ、調子よく出世や成功をつかむ芸術家仲間を内心では軽蔑していたほどです。

彼は長期間修道院に入り、信仰の生活を送ります。そして人生を生きる意味を問い続け、苦悩と厭世観にまみれた一生を終えます。同じく文学に関わっていたとはいえ、シャネルのサロンに飾る本を選んだ男、モーリス・サックスとはまるで正反対の男でした。

そういう性格のルヴェルディですから、シャネルとつきあうことで富や名声を得ようという下心は一切ありませんでした。シャネルも、ふだん人には見せない邪心を捨てた個人的な部分で自分との共通点を見つけ、心から愛し合う仲になります。

彼は自分の稼ぎでは生活できませんからシャネルは経済的な援助もしました。ただし、本人に知られないように原稿を買い上げたり、出版社が彼に払うお金を立て替えたりと、かなり気を遣ったようです。

シャネルは、ルヴェルディが世間に認められないことに憤りを感じていました。後に、ポンピドゥー大統領が編纂《へんさん》したフランス詩の『名作選』にルヴェルディが入っていないことに怒り、さんざん大統領をこき下ろすほどに。

ルヴェルディも純粋にシャネルを愛し、彼女に精神的な影響を与え続けました。それが形となって表れたのが、シャネルの名言を収録した『箴言集《しんげんしゅう》』です。シャネルの著作として出版された本ですが、実際に多くを書いたのはルヴェルディだと言われています。なにしろシャネル自身は、手紙を書くことすら嫌いで、日記も残していないのですから。いわゆる、シャネルの名言の相当部分は、ルヴェルディが考えた、もしくはシャネルのアイデアをルヴェルディが代筆したり添削したりして珠玉の言葉に磨き上げた2人の合作なのです。恋愛が終わっても、一生友情は続き手紙のやりとりがありました。

華のある関係ではありませんでしたが、シャネルの精神性を現在に伝えるという文学的な意味でも、ルヴェルディの存在は大きいと言えるでしょう。

英国一の富豪ウェストミンスター公爵とつきあう

シャネルの華麗な男性遍歴の中でもクライマックスは、世界でも有数の資産を持つ大貴族、ウェストミンスター公爵との恋愛でしょう。ウェストミンスター公爵は、歴史上何人も存在していますが、シャネルの恋人となったのは、第2代ウェストミンスター公（ヒュー・リチャード・アーサー・グロブナー）です。ロンドンにウェストミンスターというエリアがありますが、今でもウェストミンスター公爵家はロンドンに広大な土地を所有しています。

彼をシャネルに紹介したのは、店のミューズとして雇っていたヴェラ・ベイトでした。ベイトが王室と近しい貴族の私生児で、皇太子などからかわいがられたことは、すでに書きました。彼女は公爵の親しい友人で、1923年のクリスマスから新年にかけての休暇中、カジノで有名なモナコのモンテカルロでシャネルを引き合わせます。ウェストミンスター公爵は不倫が世間に発覚し2度目の離婚をした直後でした。そのスキャンダラスさゆえに王宮への出入りを禁じられ、仕方なくモンテカルロで遊んでいたのです。

シャネルを見初めた公爵はロンドンからパリまで、手紙や屋敷の温室で育てた蘭などの花束、宝石、贅沢な食べ物などの贈り物を毎日のように届けさせます。しかし、シャネルは公爵を拒み続けます。仕事が佳境に入っていたこともあります。上流階級の男性とつきあうのは窮屈だという思いもありましたし、サロンを開き芸術家たちとの交流が楽しかったこともあったのでしょう。

シャネルの拒絶は、かえって公爵を本気にさせます。

ある晩、シャネルの自宅に巨大な花束が届けられました。執事が配達人に花束を置いておくよう指示し、チップをやろうとしたとき、配達人がウェストミンスター公爵本人だったことに気づき、驚愕します。しかも公爵は、プリンス・オブ・ウェールズ、すなわち未来の英国王エドワード8世と一緒にやってきていたのです。

この茶目っ気のきいた、しかも贅沢な演出に、さすがのシャネルも落ちました。6年間にわたる交際が始まったのです。54室ものベッドルームがある公邸イートン・ホール、そこに常に出発できるよう待機している17台のロールスロイス、世界中のリゾートを訪れることのできる2隻の巨大なヨット、彼らだけのために運行される特別列車など、桁外れの贅沢を体験することになります。この間、英仏海峡を超えたロイヤルウェディングはいつになるのかといった関心事の的として、2人はいつもパパラッチされ続けました。

こうしてシャネルは世界トップクラスの大富豪と生活を共にする一方、クチュリエとしての仕事も精力的にこなしていました。代表作のひとつで後にシャネルスーツの原型となる「リトル・ブラック・ドレス」を発表したのもこの時期です。彼とのつきあいもまた、新たなファッションを生み出します。公爵の所有する船、フライング・クラウド号の乗組員の服装をヒントに、水兵風のストライプシャツとカジュアルパンツを女性服にアレンジしてヒットさせます。またウェストミンスター公爵が愛用するセーターやイートン・ホールの執事服にヒントを得て女性服に応用し、好評を博します。さらに彼の工場で作られたウールの生地に、毛皮の裏地を贅沢にあしらった「イングリッシュ・ツイード」がブームを呼びます。

シャネルは次第に公爵との結婚を考えるようになります。

「ウェストミンスター公爵夫人は何人もいるけれど、マドモアゼル・シャネルは一人しかいない」とシャネルが結婚を拒んだとも伝えられていますが、必ずしもこれは事実ではないようです。

まず公爵との結婚で障害となりそうなのは、自分の生い立ちでした。彼女は孤児院育ちを隠し、自分の父親はアメリカでビジネスをしていると言い張っていました。姉も妹もこのときすでに亡くなっていました。問題は2人の弟たちです。シャネルは彼らに口止めとして相当額の金を与えることにしました。

下の弟リシュアンには、かなりの大金を送る代わりに、行商人の仕事をやめさせてもいます。上の弟アルフォンスは、姉の足元を見て、もっと積極的に何度も金の無心をしたようです。その後、第二次世界大戦が始まり、シャネルが自分の店を閉めたとき、2人の弟への送金は途絶えることになり、シャネルと弟たちは死ぬまで顔を合わせることはありませんでした。

そこまでしたにもかかわらず、結局、公爵との結婚は叶いませんでした。最大の障害となったのは、彼女が子供を作れない身体、不妊症だったことです。立場上、公爵は跡継ぎが望めない女性とは結婚できませんでした。先妻との間に設けた唯一の息子も1909年に4歳で亡くしていました。シャネルは何人もの医者に診てもらい、あやしげな民間療法や体操も試してみましたが、結局は無駄に終わります。そのうちに、公爵の浮気が発覚し、2人は破局します。そして、1930年、公爵はイギリスの男爵令嬢と3度目の婚約を発表します。

シャネルが落ち目に

人生、良いときばかりではありません。シャネルの人生も山あり谷あり。第一次世界大戦の前後が山とすると、カペルの死が谷でしょう。そこから立ち直り、芸術家やウェストミンスター公爵といった華麗な交際とともにファッション界で不動の地位を得てもうひとつの山を登りつめるわけですが、その後1930年代に入るとさすがのシャネルにも停滞期が訪れます。

皮肉にも世界最高峰のお金持ち、ウェストミンスター公爵との結婚を真剣に考えるようになった頃から、デザイナーとしてのポテンシャルが限界に達した感があり、徐々に商売上の幸運も間遠くなっていったようです。

1929年に始まる世界恐慌の影響がパリにも波及すると、スーツを半額に値下げするなど、手荒なこともやりました。それでも、『5番』を中心とした香水の売り上げが大きく、経営的にシャネル帝国が崩れることはありませんでした。

シャネルにとっては、ライバルとなる次世代のクチュリエが登場したことの方が脅威だったかもしれません。

その代表は、イタリア人の女性デザイナー、エルザ・スキャパレリでしょう。高名な学者を父親や叔父に持つスキャパレリは、シャネルとは違って、優れた教養の持ち主であり、21歳のときには詩集を処女出版しイタリア国内外で知られる存在になっていたようです。才能だけでなく美貌も兼ね備え、彼女が30歳なかばでパリに出てきたときは、まだ威光を保っていたポール・ポワレから数々の高級服をプレゼントされました。

ポワレの知己を得たスキャパレリはパリでクチュリエとなり、高級スポーツウェアの分野で人気を博します。そして「だまし絵」として織り込んだ骸骨柄のセーターや、靴の形の帽子といったアバンギャルドなデザインやショッキングピンクをファッションに取り入れたことで一世を風靡《ふうび》します。

芸術家との親交も深く、コクトーの描いた女性の顔の絵を刺繍に施した「イヴニング・

ドレス」、また、ダリの絵をモチーフに、ロブスターの絵が描かれたドレスや、漏斗《じょうご》のようなポケットがたくさん付いた「デスク・スーツ」を発表。「モード界のシュールレアリスト」と呼ばれました。彼女のデザインは、20年代に流行ったギャルソンヌ・ルックに対抗して、肩幅を広げウェストを絞ったシルエットが特徴でした。

英国王エドワード8世が王位を捨てて結婚した相手として有名になったアメリカ人女性、ウォリス・シンプソン夫人は、シャネルの客でしたが、スキャパレリに乗り換えてしまいます。かつてシャネルをひいきにしていた大女優セシル・ソレルもこの時期はスキャパレリを愛用しています。

こうして1930年代には、シャネルがかつて追い落としたポール・ポワレと同じ窮地に追い込まれてしまうのです。

シャネルがスキャパレリに火を付けて殺そうとしたという噂さえ生まれました。ちょっと眉唾ではあるのですが、第二次世界大戦が始まる直前の舞踏会で、スキャパレリが木の葉をいっぱいつけた服で登場したところ、シャネルがダンスに誘い、照明のロウソクに近づけ引火させたというのです。この話の真偽はわかりませんが、世間からは、それほどまでシャネルを追い込んだ宿敵と見られていたのです。

シャネルとスキャパレリの関係は、ミュージックシーンにおけるビートルズのポップミュージックとディープ・パープルなどのロックミュージックとの関係に重ね合わせてみることができるかもしれません。

1960年代に一世を風靡したビートルズは1970年に解散、入れ替わるように、ディープ・パープルやレッド・ツェッペリンといった新世代のロックミュージシャンが台頭してきます。ビートルズのポップミュージックが世間に広く受け入れられると、それには飽き足らない若い世代はより先鋭的なハードロックに飛びつきました。

シャネルをビートルズだとすると、スキャパレリは新鋭のロックミュージシャンと言えます。定番のスタイルになりつつあったシャネルに飽き足らない人々は、よりアバンギャルドなスキャパレリに流れていったのです。

スキャパレリは1954年に店を閉めて引退しますが、そのメゾンで修行を積み、後に独立を果たすのが、ピエール・カルダンやジバンシーです。

今ではスキャパレリの名を知る人は多くありませんが、ロックミュージックの系譜のようにその精神は後世に引き継がれているのです。そして、ビートルズの曲が定番として永遠に歴史に刻まれているように、シャネルは現在もシャネルであり続けています。

イラストレーター、ポール・イリブとの「最後の恋」

華麗なシャネルの男性遍歴の中でも、ポール・イリブは変わり種と言ってもいいでしょう。シャネルと同じ歳で、バスク人を両親に持つイリブ（これはペンネームで、本名はポール・イリバルヌガレ）は、17歳で新聞の風刺画家としてデビュー、33歳で雑誌を発刊します。それをきっかけに、ポール・ポワレのデッサン画を描く仕事を任されるのですが、金を前払いで受け取っておきながら、なかなか描かない。しかも住所不定だったので連絡がとれない。のらりくらりと話をはぐらかし、得た金で上流階級の婦人と遊んでいる。そんな〝ろくでもない〟男でしたが、才能はあったのでしょう。イリブの描いたファッション画は今でも評価が高いですし、ポワレのブランドマークのデザインも手がけています。

さらには、ファッションやインテリアのデザインにも進出し、コクトーと共同で雑誌『言葉《ル・モ》』を創刊したこともあります（第一次世界大戦により1年で廃刊になっていますが）。第一次世界大戦後はハリウッドに渡り、セットや衣装を仕切る美術監督の仕事を手がけたり、写真家になってみたり、と身のこなしが実に軽い。今の世ならば、まさに「マルチクリエイター」と呼ばれる器用さと胡散臭《うさん》さを兼ね備えていました。

もちろん女性関係も派手で、悪いことに、つきあった女性を自分の名声には利用するが、相手を決して幸せにしないタイプの男でした。

そんなイリブとシャネルはつきあい、本気で愛します（イリブには、妻がいて別れることもありませんでした）。

『クロディーヌ』を書いた女流作家のコレットは、当時シャネルの親しい友人になっていましたが、イリブとの交際には大反対でした。彼のことを「悪魔のような男」と呼んでいたほどです。同性愛者ならではの鋭さで、イリブの誠実でないところを見抜いていたのでしょう。恋愛に関しては、同性愛者のアドバイスは的確なことが多いのです。

しかし、多くの女性に見られますが、落ち目のときほど、ろくでもない男に惹かれる傾向があります。

実際に彼はシャネルの富や名声が大いに利用しがいあると考えていたはずです。

シャネルは彼の雑誌に資金援助するだけでなく、自分の会社の取締役に任命します。そして（4章で詳しく説明しますが、香水『5番』の権利を巡り争っていた）ヴェルタイマー兄弟との交渉を担当させるのですが失敗が続きます。女性や芸術家を騙す口のうまさはあっても、そういう実務的な交渉にはほとんど役に立たなかった。シャネルは他の役員から、イリブをやめさせろという反逆にもあっています。

これまで「恋は盲目」という言葉が当てはまらなかったシャネルですが、このときばかりは恋愛によってビジネスウーマンとしての判断力が失われていたといえるでしょう。

シャネルはイリブとの結婚も本気で考えます。ところが、本気の恋愛ほど悲劇的な結末を迎えるのが、「獅子座の女」シャネルです。

1935年のある休日、2人は別荘ラ・ポーザでテニスをしていました。シャネルから、「あんたボールを強く打ちすぎるから、もうちょっと抑えて」と言われたイリブは、サングラス越しにのぞいた直後、何も言わずに倒れます。そして運ばれた病院で息を引き取ります。死因は心臓発作。シャネル最後の本気の恋でした。

お針子にストライキを起こされ店を閉める

1930年代は、ヨーロッパ全体が非常に不安定な政治状況にありました。1929年の世界恐慌に端を発し、各国は経済的に混乱。ドイツではナチスが政権を握り、ソヴィエト連邦と対立を深めます。1936年にはスペインで内戦が勃発《ぼっぱつ》、ソヴィエトの支持する人民戦線と、ドイツ、イタリアが支持するフランコ陣営が争っていました。フランスでは左派の人民戦線政権が誕生しますが、1年経たずして崩壊し国内は混乱していました。

この混乱を象徴したイベントが、1937年に開催されたパリ万博です。覇権を争っていたドイツとソ連のパビリオンが通りに向かい合って建てられ、スペイン館には空爆に抗議するピカソの「ゲルニカ」が展示されました。ホスト国フランスのパビリオンは、労働者のストライキで建設が遅れ、完成したのが万博閉幕後だったというオチまでつきました。こうした事実の断片からも、いかにフランス、ヨーロッパが混乱していたかがうかがいしれます。

1936年にフランス全土でストライキの嵐が起こると、シャネルのお針子たちもストライキを始めます。

シャネルのお針子たちに対する待遇は、決して悪いものではありませんでした。給料も世間の平均より高く、シャネルのポケットマネーでお針子たちのための保養所を作ったりしていました。シャネルの性格からお針子にきつく当たることはあっても、決して労働環境や関係が悪かったわけではありませんでした。それだけに、世間の流行りに乗じてストライキをおこなうことは、シャネルにとってまったく理解できずショックを受けたようです。

「話せばわかるはず」とお針子がストライキをしていた店に行くのですが、説得できるどころか自分の店に入ることもできませんでした。

こうしたトラブル、そして服の販売も思わしくなかったことが背景にあり、1939年に第二次世界大戦が始まると、シャネルはアクセサリーと香水以外のすべての店を閉めてしまいます。ストライキのときにすぐに店を閉めなかったのは、スキャパレリに負けるわけにはいかないという思いが強かったからでしょうか。

それから15年間、1954年にカムバックするまで商売上の動きは見せず、シャネルは沈黙を守るのです。

3章まとめとディスカッション

■リワイヤリングの「場」を自ら作り出す

シャネルの爆発的なリワイヤリングを可能にしたのは、サロンの存在です。仕事で多忙なシャネルにとって、サロンはいながらにして新たな有力者に出会える場所であり、「仕組み」でした。自分が必要とする人を知人が選んで連れてきてくれる。昔のように、新たな人と知り合うために、カフェ・コンセールに出入りしたり、他の人のパーティーに参加するのとは効率も違います。

サロンには新たな出会いが生まれるだけでなく、ネットワークの価値をさらに高める効果がありました。同じ場所で過ごし活発な会話を交わすことによって似通った価値観が醸成され信頼関係が強まるのです。それを社会学ではソーシャル・キャピタル（人間関係資本、社会的関係資本）という概念で説明します。わかりやすく言えば、「助け合いの文化」が強いほどそのコミュニティは発展するという論理です。

中国の浙江省《せっこう》に温州という場所があります。もともとは中国でも貧しい地域でしたが、今やもっとも経済発展している都市のひとつになっています。その理由は、まさにリワイヤリングであり、ソーシャル・キャピタルの強さにあります。

温州人は世界各国に渡り、ヨーロッパとくにイタリアやフランスにおいて商売で成功していますが、中国人の中でもとりわけ地縁、血縁を著しく大切にする特徴があります。海外に出た温州人同士、また中国国内の温州人と密に連絡を取り合い、お互いに協力することで成功し、上海にも劣らない急成長を遂げたのです。

片や、同じ中国でもソーシャル・キャピタルが非常に乏しい地域もあります。そうした地域出身の人は、同じ海外に出るのでもマフィアに騙され借金を背負った状態で不法に出国させられます。そして渡航先の国でも同郷人同士のネットワークが弱いので、犯罪に手を染める割合が非常に高いのです。

同じことは、個人のネットワークにも当てはまります。信頼関係が強く、協力的なグループほど成功者を生み出す確率が高まるのです。大学の運動部、サークルの先輩を頼る就職活動から、経済界、政界に人脈を張り巡らせる秘密結社まで、メンバー同士が強く結びつき合ったネットワークと社会的成功の間には密接な関係が見られます。そしてとくに成功し続けているネットワークをよく調べてみると、リワイヤリングを頻繁におこない、新陳代謝を図っていることがわかります。
サロンは、まさに新たなリワイヤリングによってネットワークを広げ、ソーシャル・キャピタルを高めるために個人で持つことができる仕組みなのです。

■欧米でリワイヤリングを加速させるサロン・パーティー文化

欧米にはこうしたサロン文化が脈々と息づいています。サロンとまでいかなくても、日常的にちょっとしたパーティーを開き、知人、友人を招くことが習慣になっています。私もイギリス、フランスやアメリカに在住していたときは、パーティーによく呼ばれましたが、そこには研究者だけでなく、投資家や企業家、文化人など、さまざまな人種が集まっていて、お互いに紹介されます。和気藹々《わきあいあい》とした雰囲気で、しかもある程度クローズドな空間なので、そこにいるだけで、決してインターネットでは入手できないような貴重な情報が入ってくるのです。

しかし日本では、こうしたサロン文化、パーティー文化がほとんど見られません。「パーティー」と名のつくイベントはあっても、欧米のものとは本質的な違いがあります。日本にあるのは、「居酒屋文化」です。友人や会社の同僚といったいつものメンツが集まり、人の噂話や愚痴を言っているイメージです（もっとも近年は、若者がお酒を飲まなくなり、社内の「飲ミニケーション」ですら廃れているようですが）。

こうした日本人的な居酒屋文化の特徴は、メンバーが固定化されていることです。たまに新しいメンバーが入ったとしても、ほとんどは同じような職業、立場、年齢の人ばかり。日本人には同質であるがゆえに居心地の良さを感じる傾向がありますから、共通点のまったくない人を紹介しにくいのです。

残念ながら、似たようなメンバーが集まっても、そこには新たな情報が入ってくることは少ないですし、斬新なアイデアも生まれません。必然的に会話が誰かの悪口、愚痴に陥ってしまうのです。

サロン・パーティー文化と居酒屋文化の決定的な違いは、リワイヤリングの有無、つまり遠距離交際の人と出会えるか出会えないかです。

欧米人は、サロンやパーティーが、その場の楽しみ以上の効果をもたらすことを経験的に知っています。だからこそ、サロンやパーティーを開く習性があり、文化になっているのです。

これは、欧米人に限った話ではありません。先ほどの温州人のビジネススタイルを見ても、知人と食事する際に、新たな人、しかも職業や地位など属性が異なる知人を呼んで紹介することは普通におこなわれています。

日本でも一時期、異業種交流会が流行ったことがありました。発想は欧米のサロン、パーティーと共通しているのかもしれませんが、日本に導入され始めた20～30年前は、ほとんど上手くいきませんでした。その最大の理由は、日本人のメンタル面にあります。所属意識が強いため、外部の人と情報を交換するのが苦手なのです。自分と違う世界の人とは話そうともしないし、何を話してよいかわからない。

同じ学校の人、同じ会社の人とのみつきあうことが普通であり、違う組織や業界の知り合いが多い人は、属する組織の中では「変わった人」と見られてしまう。そういう傾向が強いのではないでしょうか。江戸時代の、「よその村のヤツとは口をきくな」といったような封建的な意識がいまだに残っているのかもしれません。

■日本人は危機になると変わることができる

同じような人としかつきあわない、これは近親相姦が遺伝的な問題を発生させるように、本来は避けるべきことです。しかし、日本社会は放っておくと外部の人と関係を持たないため、この近親相姦の害が蔓延しています。経済も政治もあらゆる所で日本が行き詰まっているのは、これが原因と考えられる部分が多いのではないでしょうか。

だからこそ、個人個人が、より意識的にリワイヤリングしていかないといけません。手っ取り早いのは、海外に出てしまうことです。とくに若い人、女性で能力がある人は、外国に行くと逆に楽でしょう。アメリカなどは実力主義の社会ですから、能力があればいくらでも引き立てられます。国籍や性別は関係ありません。

かつて、80年代や90年代までは日本人の留学生は非常に多かった。私が教えていたペンシルベニア大学のウォートン校も、外国人では日本人が一番多く、MBA学生だけで100名近くはいました。それが、20年たってみると、アメリカのトップスクールは大方そうですが、一番多いのは中国人、2番目は韓国人です。日本人の留学生が激減している原因は、若者の内向き志向や、経済の低迷により企業派遣の留学が減ったことだと言われていますが、いずれにせよネットワーク論的に言うと危機的な状況です。本来、海外とのリワイヤリングを担うべき若い層が、日本国内に引きこもりの状態に置かれているのですから。

しかし、こうした状況だからこそ、ちょっとしたリワイヤリングでも効果が大きいはずです。ゆとり教育の中で、少し勉強を頑張れば就職活動でも引く手あまたになるように、日本が閉鎖的になっている中だからこそ海外に出ることの効果が大きいでしょう。

もちろん海外に出なくてもリワイヤリングは可能です。まわりが同じ会社、同じ業界の人としかつきあわない人ばかりなら、少し意識的に遠距離とのリワイヤリングをするだけで、圧倒的に優れた情報が入り、良い判断ができるようになるはずです。

「まったく違う世界の人とつきあうなんて難しいのでは……」と考える人もいるでしょう。人づきあいは個人の性格も影響しますから。社交的でない性格の人には難しく思えるかもしれません。しかし、ほとんどは本人の気持ちの持ち方で何とでもなる問題です。

人は本能的にリワイヤリングを欲しています。小学校に入学したとき、新しい友だちができるか緊張とともに期待したでしょう。ヒッチハイクから出会い系サイトまで、すべて未知なる人との新たな出会いを望んでいる。こうした感情を押し殺すのではなく、ちょっとした勇気で人生を向上させるリワイヤリングに向けてみてはいかがでしょうか。

■「クロス・ファンクショナル・チーム」は日本の発明

ここで、リワイヤリングについて個人から組織へと目を向けてみましょう。

企業などで部門を横断してひとつの課題を解決するために作られるチーム、「クロス・ファンクショナル・チーム」もリワイヤリングの一形態です。最近では日産自動車にカルロス・ゴーン社長が就任したときに導入して成功したことで知られていますが、もともとは1980年代に日本の自動車メーカーがアメリカの自動車産業を脅かしていた頃、これを研究したアメリカで理論化された概念です。

日本の自動車メーカーは新車開発において、プロジェクトチームを作り、初期段階からさまざまな部署に所属するエンジニアやデザイナーなどを招集し、期間限定で同時並行的に仕事をさせていました。

さらにゴーン社長が優れていたのは、クロス・ファンクショナル・チームを新車開発だけでなく、社内のあらゆる問題、たとえばファイナンスや工場閉鎖といったものづくりを超えた抽象的な改善活動にも応用したことです。これにより、21世紀に入って日産自動車は驚異的な速度で業績を回復させることができました。

クロス・ファンクショナル・チームの発祥は、戦時中にまでさかのぼれます。戦闘機「飛燕《ひえん》」の開発を担当した土井武夫《どいたけお》という設計者がいます。戦後は初の国産旅客機「YS—11」の開発にも携わりました。彼が戦時中、川崎航空機で指揮していた軍用機開発はまさにクロス・ファンクショナル・チーム方式でした。

私は土井氏から直接話を聞いたのですが、とにかく戦争中は人材がいないしアイデアも乏しく金もない、それでも命令で何機もの開発を同時並行でやらなければならない。そこでスタッフを複数のプロジェクトに兼任させた。そうしたら、10年間で20機も開発できたのです。しかも、この方法が良かったのは、幾ばくかの優れたアイデアを異なるプロジェクトで共有し最大限利用できたことです。

日本に空襲に来た爆撃機「B—29」を数々撃墜した二式複座戦闘機「屠龍《とりゅう》」も土井氏が生み出した名機です。本人の述懐によると、これは、先に開発された「九九式軽爆撃機」の図面を単純に0・7倍にした寸法をベースに適宜改良を加えて設計されました。かなり大胆な発想でしたが、結果として開発期間が短縮でき、優れた性能の戦闘機ができあがったのです。少し乱暴とはいえ、兼任の多かったクロス・ファンクショナル・チーム(もちろん、そう呼ばれてはいませんでしたが)ならではの成功事例です。従来の組織では、縦割りの意識が強く、優れたアイデアや技術を抱え込んでおり、こうした異なるプロジェクト間をクロスする形で得られる成果はそう簡単には実現しなかったでしょう。

戦後、GHQの指令により日本は航空機の開発・生産を禁じられ、航空技師たちは、鉄道や自動車の開発へと仕事を変えていきます。彼らの手によって生み出されたのが、新幹線であり「クラウン」「カローラ」「サニー」といった戦後の日本を支えた自動車だったのです。戦時中に生まれたクロス・ファンクショナル・チームのノウハウが、トヨタをはじめとする自動車メーカーの「リーン生産方式」(※)などに受け継がれていくのです。

ここで言いたいのは、日本人でも危機があれば変われる、リワイヤリングの活用ができるということです。実際、変わりつつもあります。不況をきっかけに、サラリーマンでも本業に差し障りのない範囲での副業が、「週末起業」などと言われ流行しているようです。副業でも、これまでにない人とのつながりができます。個人でできるリワイヤリングの一例と言ってもよいでしょう。

※「リーン生産方式」1980年代にマサチューセッツ工科大学（MIT）が日本の自動車産業（おもにトヨタ生産方式）の強さを研究し、一般・体系化した名称。リーン（痩《や》せた）つまり「無駄がない」という意味で名付けられた。

シャネルの恋愛戦略（3）

自分から身をひき、相手に貸しを作る

「来る者を拒まず、去る者を追わず」という言葉がありますが、シャネルの恋愛観もこれに近かったようです。

恋愛をどう終わらせるか、ココ・シャネルは引き際が非常に上手かった。相手に恨まれることも、相手を恨むこともない。別れても友情として続くのです。そして、元恋人たちは別れてから後、いろいろな形で彼女に協力しています。金銭面の支援であったり、商売先の紹介であったりさまざまです。

金額的にもっとも大きかったのは、ハリウッドのケースでしょう。シャネルは100万ドルという超高額な報酬で映画の衣装監修に携わったのですが、途中で降りてしまう。それでもこの仕事を紹介してくれた元愛人のドミトリー大公の口添えによって相手方のハリウッドの名プロデューサー、サミュエル・ゴールドウィンに全額を支払ってもらったのです。

恋愛を終わらせるのは、相手方の死を以て終わりを迎えたケース（ボーイ・カペルやポール・イリブ）は別として、たいていはシャネルの方からだったようです。これは一歩間違えると、相手の未練が恨みに変わり、ストーカー化さえ招きかねないのですが、シャネルはそこが上手かった。ストーカーになるような男性を最初から選ばなかった、あるいは当時の男性にはそういう傾向がより少なかったということかもしれませんが。

時代は違っても、女性の方から恋愛を終わらせられると、多少なりとも男性は未練を感じるものでしょう。よく、過去の恋愛をパソコンのファイルに譬え、「男性は別のフォルダーとして保存されるが、女性にとって過去の恋愛は新たな恋愛に上書きされてしまう」と言われますが、確かに男性の方が別れた相手に未練がましい面があります。

しかし、シャネルが選んでつきあうような男性はプライドもあるでしょうから未練からストーカーになるようなことは皆無でした。むしろ、別れても紳士的で、ことあるたびに協力してくれる。

普通、別れてすぐに別の男とつきあっているのを知ったら嫌な気持ちになると思いますが、相手のプライドを傷つけずに恋愛関係を終わらせるやり方が相当上手かったのでしょう。たとえば、相手が「ちょっとこの女、つきあいきれないところがあるな」と思ったときに、すっと身をひいて連絡しなくなるとか。自分の感情を優先させるのではなく、相手の気持ちを読むことが、相手に変な未練を残さず別れられるテクニックなのかもしれません。シャネルの恋愛上手のポイントのひとつは、そこにあるのではないでしょうか。

彼女自身は、「私は恋愛に貸し借りは作らない」という言葉を遺していますが、これは後にトラブルになるような貸し借りを指しているのでしょう。「あんなに金銭的に面倒を見てやったのに別れたいだなんて」というようなケチな感情を起こす相手とは、最初からつきあわないということかもしれません。もっとも、シャネルにとって金銭的に面倒を見てもらったのはごく初期だけで、事業家として成功してからは、むしろ男を囲うようになりましたが。

4章

「動乱の時代を生き抜き、復活する」技術

1940年（57歳）から1971年（87歳）

13歳年下のドイツ人スパイの愛人に

第二次世界大戦が起こり、クチュール部門を閉鎖したシャネルは、1954年にカムバックするまでの15年間、長い冬眠期間に入ります。もちろん、その間何もしなかったわけではないのですが、世間の人々がわかるような表面上の動きはありませんでした。ほとんどの人は、シャネルは完全に引退したと思っていたでしょう。

1940年の6月に入ると、ドイツ軍がフランスに攻め入り、パリにも危機が迫ります。シャネルも6月の中旬から8月末にかけて、社交界の親しい女性の友人とともに、お抱え運転手付きの車で国内の安全な場所へと避難します。各地を転々としているのですが、その地はドイツと手を結んだ親ナチ政権が臨時首都に定めたヴィシーや、かつてカペルと出会ったポーという狩猟の地、弟の住んでいた地域など、個人的に縁のある場所が中心だったようです。

ところがその間、フランス軍は戦うことなくパリを放棄し、ドイツ軍はほぼ無傷のパリに入城します。シャネルは逃げる身が性に合わなかったし、パリに戻っても危険や不便がないとの情報をつかんだので、8月末にパリに戻ります。

戦時下のパリで、シャネルはハンス・ギュンター・フォン・ディンクラーゲという(40代のハンサムな)、ドイツ人男性と親密になり同棲同然の生活を送ります。

ディンクラーゲは、ドイツのハノーバー出身。貴族の息子で、母親がイギリス生まれだったこともあり英語、フランス語ともに堪能でした。戦前から頻繁にパリに出入りしており、表向きはドイツ大使館付きの外交官、その実体は重要な諜報活動に従事するスパイでした。

この2人がどこで、どういう形で出会ったか、詳細は明らかではありません。シャネルは亡くなっていた姉ジュリアの息子、つまり甥のアンドレをかわいがっていましたが、彼がマジノ線で他の数十万人のフランス軍兵士とともにドイツ軍の捕虜になってしまいます。シャネルが彼を救いだそうと動いたところ、ディンクラーゲに行き当たったようです。

ディンクラーゲとつきあった理由は不明です。しかし、それなりのメリットはあったようです。シャネルがパリに戻ったとき、住まいとしていたホテル・リッツはドイツ軍に接収されていましたが、彼の口利きにより、(以前より狭い部屋にはなりましたが) 住み続けることができました。また、カンボン通りのアパートを手放さずにすんだのも、彼のおかげのようです。

身を守るためには敵国人だろうが構わずつきあう、という貪欲さなのでしょうか。それとも、自分の人生は終わったと自暴自棄になっていたのでしょうか。

このとき、シャネルは57歳。ディンクラーゲの13歳も上でした。シャネルは商売をやめ、経済的に余裕がなくなっていたため、彼がシャネルとつきあうのに、「金」は大きな理由にはならなかったでしょう。もしかすると、スパイとしてシャネルのネットワークが利用できると考えたのかもしれません。

シャルル＝ルーの名著をはじめほとんどのシャネル伝記では、ディンクラーゲを背が高くテニスの上手いプレイボーイで、欧州各地に愛人を作っては連合国側の機密情報を探っていたが、スパイとしての能力、実績はさほどでもなかったように記述しています。

しかし、近年公開された極秘文書を丹念に調べ直したハル・ヴォーンは2011年の著書で、彼の仕事ぶりについて従来のイメージを覆す証拠を示しています。ディンクラーゲは1934年マルセイユで起きた、反ナチで知られるユーゴスラビア国王の暗殺に深く関与しており、1941年にはベルリンでヒトラーとゲッベルス宣伝相に単独で面会できる地位にあったことが報告されています。

事実、2009年のヴォーンによるインタビューでシャルル＝ルーは、伝記を執筆していた1974年に、シャネルの弁護士ルネ・ドゥ・シャンブランによって、巧妙にディンクラーゲの役割を過小評価するように仕向けられたことを認めています。

ドゥ・シャンブランはヴィシー政権の首相で戦後処刑されたラヴァルの娘婿で、自身も戦時中はナチス協力者として活動していたため、この点でいささかも自分やシャネルに不利な情報が出ないように周到に動いていたようです。

これは下世話な話になりますが、後にディンクラーゲは「シャネルの性的な能力はすごかった」と何度も語っています。経験豊富なシャネルですから十分にあり得る話ですが、ここではこれ以上追求しません。

ディンクラーゲの幼なじみ、ドイツ軍のテオドール・モム騎兵大尉の命により、フランスで再稼働されることになった繊維工場の取締役になることを口実に、甥のアンドレは捕虜から解放されます。しかし、彼は結核を患っており、治療に専念するために実際はパリのシャネル本店で名目的な取締役に就いただけでした。

モムはベルギーで先祖5代にわたって繊維業を営んでいた家系で、当時は占領国フランスにおける繊維産業の責任者を務めていました。軍需の続く繊維産業に必要だという理由で解放させたのでしょう。モムにしてみれば、シャネルの甥を取締役に就けることで、彼女のコネを活用できるという思惑があったのかもしれません。

フランス国内が2つに割れる

占領下のフランスは2つに引き裂かれていました。政府は親ナチス・ドイツのヴィシー政権と、それに対抗しロンドンに作られたシャルル・ド・ゴールの亡命政府とが対立し、国民の多くもドイツに協力するか、レジスタンスとして戦うかの選択を迫られたのです。ドイツに反感を覚える文化人の多くは、国外に亡命します。シャネルを脅かしていたライバルのスキャパレリも、パリから脱出し、スペイン、ポルトガルを経由してアメリカに亡命しています。

しかし、大部分のフランス国民は国外へ逃げることはできず、国内でのサバイバルを図ります。ナチス・ドイツは、フランス人のクチュリエをすべてベルリンかウィーンに移動させようと試みます。フランスのクチュリエ協会の会長はル・ロングという人物でしたが、彼主導の抵抗でなんとか、この計画は阻止されました。もし、ナチスの計画が実行されていれば、多くのクチュリエが戦火の巻き添えとなりフランスの服飾業界は壊滅していたかもしれません。

積極的にナチスに協力することで生き残りを図る文化人もいました。シャネルの親しい友人に、ロシアバレエ団の若手ダンサー、セルジュ・リファールがいます。彼は、ヴェネツィアにおいてディアギレフの死をシャネルと一緒に看取った後、パリ・オペラ座の芸術監督に就任しますが、バレエの活動を続けるため完全に親ナチに転向します。

1940年の6月、ヒトラーがパリを電撃訪問します。エッフェル塔を視察しているフィルムが残っていますが、パリで真っ先に訪れたのはオペラ座でした。ヒトラーはもともと画家を目指していただけに、文化・芸術に通じていました。占領下でもナチスに逆らわない限り、劇場や映画館は営業できたのです。

ですからヒトラーがオペラ座の芸術監督であり、有名なダンサーであったリファールと会談したのは合点のいく話です。リファール自身、当時ヒトラーと昵懇《じっこん》に話せたことをずいぶん自慢していたようです。しかし、戦争が終わると親ナチとされた人々は世間から非難され、下手をすると逮捕やリンチの対象になってしまう。戦後リファールは、「ヒトラーがオペラ座に来たとき、自分は留守にしていて会っていない」と主張していますが……。

また、シャネルがサロンに置く本を選ばせたモーリス・サックスは、ユダヤ人だったにもかかわらず、身元を隠してナチスに協力していました。どうやら、秘密警察のゲシュタポに属し、反ユダヤの記事を書いて、同胞であるユダヤ人の迫害に荷担していたようです。身のこなしが軽いというか節操のない男です。しかし、ろくな死に方はしませんでした。パリが連合軍に奪還されると、彼はドイツのハンブルクへ逃げるのですが、そこで空襲にあい命を落とします。

リファールやモーリス・サックスがどこまで本気で親ナチだったかはわかりません。生き残るために、そう振る舞っていた可能性もあるでしょう。ドイツ占領下において、ナチスに抵抗する者は徹底して弾圧されましたし、ナチスに協力した者は、終戦後ひどい目にあいました。どちら側に付くかで人生が大きく変わってしまう、大多数の者がそういう決断を迫られており、特に影響力の強い人ほどそうでした。

ホセ・セールを使い収容所のユダヤ人を救い出そうとする

ナチスのスパイ、ディンクラーゲの愛人となる一方で、シャネルはユダヤ人の友人を助けようと奔走していました。後世、彼女の反ユダヤ主義が誇張して伝えられるようになりましたが、一方でこうした個人的な情には厚かったのかもしれません。

ピカソなどとの共通の友だちに、マックス・ヤコブという詩人がいました。戦争末期には67～68歳になっていましたが、ドイツがフランスに侵攻してくると、ユダヤ人の彼は収容所に入れられてしまいます。フランス国内の収容所であり、すぐに処刑されることはなかったのですが、このままではいずれアウシュビッツに送られてしまう。

シャネルやコクトーは彼を何とか救い出そうと画策します。このとき役に立ったのが、ホセ・セールでした。

すでに、この頃のホセはミシアと離婚しており、ロシアからパリに留学した22歳の魅力的な画学生と結婚していました。ちなみにホセは50歳代。2人の新婚の船旅にはミシアも同行した、と相変わらずよくわからない人たちなのですが、彼は戦時中もシャネルやコクトー、そして先ほどのリファールとも頻繁に会っていました。母国スペイン経由でキャビアなどを取り寄せては豪勢な会食も楽しんでいたようです。

それはともかく、なぜ一介のスペイン人画家に、ナチスに対してユダヤ人を解放するよう働きかける力があったのか。具体的な方法は明らかになっていませんが、当時スペインがナチス寄りの中立国であったことに加えて、ホセは在マドリードのドイツ大使夫人と愛人関係にあったようで、その筋から働きかけたのではないかという憶測があります。もうひとつの推測は、1940年からホセは戦時下のパリ在住の外交官としてスペイン・フランコ政権のバチカン市国大使に任命されており、こうした働きかけが可能だったというものです。

そしてナチスからマックス・ヤコブの釈放許可を得ることに成功するのですが、残念ながら、その許可書が収容所に届く数時間前に、ヤコブは肺炎で亡くなってしまいます。

シャネルが助けようとしたもうひとりのユダヤ人は、女流作家コレットの夫です。このときは、ホセの尽力で解放に成功しています。戦争下、国籍や民族によって人々が裂かれる悲劇的な時代に、少数ながらシャネルのネットワーク力で助かった命もあったのです。

ヴェルタイマー兄弟との係争

クチュール部門を閉じたシャネルですが、アクセサリーと香水のビジネスは続けていました。世界的な人気を得ていた香水『5番』からは莫大な利益が入ってきていた……、はずでしたが、実際はそうはなっていませんでした。

原因は、ユダヤ人のヴェルタイマー兄弟、つまり兄ポールと弟ピエール。彼らに香水の利益のほとんどを吸い取られていたのです。

どういうことかというと、1924年に彼らの話に乗せられたシャネルは、香水の会社パルファン・シャネルを設立し、社長に就任します。ところが、会社の権利の70パーセントがヴェルタイマー兄弟の所有になっていました。さらにシャネルをヴェルタイマー兄弟に紹介しただけの百貨店ギャラリー・ラファイエットのオーナー、テオフィール・バデルが、どういうわけか20パーセントも持っていきます。ギャラリー・ラファイエットといえば、1895年創業の、今でもパリを代表する有名百貨店です。そして調香師エルネスト・ボーと共同で『5番』を創り上げたシャネルの持ち分は、たったの10パーセントだったのです！

商売を始めた頃は小切手の意味さえよく知らなかった彼女は、その後ビジネス経験を積んでいたとはいえ、まだ40歳代で甘かったのでしょう。シャネルはこの狡猾《こうかつ》なユダヤ人兄弟の契約話に巧く乗せられ、実質的な利益を貪《むさぼ》り取られた。以降、シャネルは正当な権利を要求してヴェルタイマー兄弟と裁判で争うことになるのですが、ほとんど負け続けます。

ドイツ軍のフランス占領は、シャネルにとってチャンスでした。ユダヤ人のヴェルタイマー兄弟は、アメリカに亡命していました。ドイツや他の占領国と同様、フランスでも「反ユダヤ法」によって、ユダヤ人の資産は没収されていました。シャネルがヴェルタイマー兄弟から権利を取り戻すのに、この状況を利用しない手はありません。

しかし、彼らはとっくに手を打っていたのです。

ヴェルタイマー兄弟は、アーリア系フランス人の経営するプロペラ製造会社にパルファン・シャネルの権利を移転させていました。そして、その会社の50パーセントを所有し、間接的に支配していたのです。彼らは、有力なドイツ人の大佐を利用して、この会社の権利を取得したようです。当時はドイツ軍のためにプロペラを作っていた、いわばナチス・

ドイツの保護下にある軍需関連の企業であり、ディンクラーゲの力もおよびません。

しかも、プロペラ製造会社の取締役に据えたのは、シャネルの叔母アドリエンヌの夫だった貴族、モーリス・ド・ネクソンの弟です。いちばん親しい叔母の義弟ですから、孤児院出身の事実を含め、シャネルが死んでも明かしたくない恥辱の過去を知っており、しかも貴族なのでシャネルもそう簡単には手が出せない。こうした計算ずくの冷徹な手を打ってきたのが、ヴェルタイマー兄弟なのです。生き馬の目を抜くような仕事ぶりです。迫害されていたユダヤ人といえども、金と知恵、コネがあれば何とでもなるという例でもあるでしょう。

その一方で、ヴェルタイマー兄弟は、戦後米国シャネルの社長として25年勤めることになるグレゴリー・トーマスという大男のアメリカ人を「私的スパイ」としてフランスに送りこんで『5番』の処方を盗ませ、シャネルに無断で、『5番』をアメリカで大量に売りまくって荒稼ぎしていました。そのおかげでシャネルの名だけはアメリカで有名になりました。パリ入城後、GI（アメリカ兵）がシャネル香水店に『5番』だけを買いに殺到したほどです。

しかし、戦後になると、兄ポールに先立たれた弟のピエール・ヴェルタイマーは一転してシャネルと和解し、シャネルの復活をバックアップすることになるのですが、この話はまた後ほど。

シャネル一世一代の「帽子作戦」

さて、彼女の一世一代のイベント、「帽子作戦」について語るときがきました。一介のクチュリエが、イギリスとドイツの戦争を終わらせようと動く。ファッションデザイナーとしてのシャネルを紹介した本では、ほとんど触れられることはありませんが、非常にドラマチックで荒唐無稽な、いかなる小説よりもおもしろいノンフィクションです。

「チャーチルを説得してイギリスとドイツの単独和平交渉を実現させる」これが、シャネルの描いた計画です。シャネルには、自分はチャーチルの知人であり、そしてイギリス人の性格をよく知っているという自負がありました。

シャネルは戦争を一刻も早く終わらせたかった。なぜかといいますと、どうやら早く裁判を再開して、ヴェルタイマー兄弟との係争にカタをつけたかったらしいのです。なにしろ、相手はアメリカに逃げており、自分は戦時中なのでアメリカに行くことはおろか、占領軍の特別な許可がないと隣国に出ることもままならない。この時点で、店を再開したいという希望はなかったようなので、それぐらいしか理由がなかったのではないかと推測されています。

1943年の初秋、シャネルとディンクラーゲは先述したモム騎兵大尉に計画について打ち明けます。なぜなら、モムはベルリンの中枢部を動かせるだけの権限を握っていたからです。モムはさっそくベルリンに行き、まず外務省に話を持ち込みます。しかし外務省は煮え切らない態度だったので、ナチスの親衛隊を訪問します。

親衛隊は、このとき警察を傘下に収め、独自の軍事組織を持ち、国防軍より力がありました。悪名高い秘密警察ゲシュタポや強制収容所も親衛隊の管轄です。

モムは、親衛隊の情報部（SD）、国外諜報を担う第6局の局長、ヴァルター・シェレンベルクに面会し、シャネルの計画を話します。後にシャネル自身も、許可を得てベルリンに行きシェレンベルクに面会します。

戦後シェレンベルクが連合軍に捕まり、イギリス諜報部の尋問を受けますが、このとき、43年の暮れから44年にかけてディンクラーゲを伴ってベルリンに来たシャネルとは複数回会っていると供述しています。

シャネルはシェレンベルクに、「あなた方ドイツ人はイギリス人をよく理解していない。扱い方もわからないだろう。私はチャーチルと顔なじみなので直接話せば、必ず休戦協定を取り結ぶことができるだろう」と力説します。

シェレンベルクらが、この計画に興味を示したのは、当時のドイツはソ連との戦争で著しく苦戦していたからです。イギリスと単独講和さえできれば、ソ連との戦いにもっと集中できると考えていた。ただし、そう考えていたのは一部の「正気の」参謀たちで、ヒトラーは最後まで、そういう考えは持たなかったようですが。

この計画は親衛隊のトップ、ヒムラーに伝えられます。ヒムラーもまた、イギリスとの単独講和をすべきだと考えていました。

シェレンベルクは、暗に「このままでは、総統（ヒトラー）もいずれ失脚するでしょう。それを継ぐのはあなた（ヒムラー）しかいないのではないですか」と上手く焚きつけたようです。

そこに、シャネルの提案が飛び込んできた。

そして、ファッションデザイナーを講和の工作に使うというのは、ちょっと突飛ではあるけれども、やらせてみようということになります。

作戦にGOサインが出たことがベルリンからパリに伝えられます。作戦の暗号名は「帽子」、ドイツ語でモデルフート、シャネルの商売を連想させるものです。シャネルはすぐにでも実行に移すとドイツ側は思い込んでいましたが、そうではありませんでした。シャネルはモム騎兵大尉に「まずヴェラ・ベイトをローマから連れてきて、2人でスペインのマドリードに行きたい」と言い出したのです。

ベイトとは、店のミューズをしていた、イギリス貴族の私生児で王室とも強い縁戚関係のある、あのベイトです。シャネルの考えでは、まず在マドリードの英国大使館経由でチャーチルに手紙を送り、ドイツとの単独講和を促す。できれば直接話したい。もしその過程でトラブったときでも、英国の最上層部に通じチャーチルとも気軽に話のできるベイトの口利きがあれば万全だろう。そういう算段でした。

しかしシャネルは、モムにはその考えを伝えませんでした。自分がチャーチルに強い影響力を持っているとの主張が崩れるからです。ただ「ひとりでは心細いから、親しい友だちと一緒に行動したい」といったようなことを言い、モムをいらだたせます。

ドイツ側にしてみれば、「そんな話は聞いていないぞ」ですが、ここでシャネルの機嫌を損ねて作戦が実行されないのも困るので、ベイトをローマから呼び寄せることにします。

ベイトとともにマドリードへ

1943年10月、ローマに暮らすベイトの元に、突然ナチスの親衛隊の将校がシャネルからという赤いバラの花束を持って訪ねてきます。渡されたシャネルからの手紙には、「今度店を開くからぜひ手伝ってほしい」という内容が書かれています。もちろん、これは嘘でベイトを呼び寄せる「おとり」です。

ベイトの夫ロンバルディはイタリア人の騎兵軍人でした。当時のイタリアはムッソリーニ派（ドイツ側）と反体制派（連合国側）に分裂しており、多くの良識あるもしくは機を見るに敏感な軍人たちはムッソリーニに逆らい、ファシズムに抵抗していました。ロンバルディもそのひとりで、捕まるとまずいので家にはおらず、イタリアの名門アルドブランディーニ家の手助けで程遠くない秘密の場所に身を潜めていました。

ベイトは、夫を見捨てて自分がパリに行くことはできないため、シャネルの誘いを断ります。シャネルもしつこく誘いますが、首を縦に振ることはなかった。そうしているうちに、ベイトは突然ゲシュタポに逮捕されてしまいます。容疑は「イギリスのスパイ活動をおこなった」というもの。もちろん、身に覚えなどありません。この逮捕は、もともとディンクラーゲが属する諜報機関が手を回してベイトをパリまでエスコートすることになっていたため、彼が画策したとも言われていますが、シェレンベルクら帽子作戦の首謀者には事前に知らされていませんでした。

ベイトがローマの女子刑務所に入れられると、その知らせがシェレンベルクの元に届きます。シャネルが作戦で行動を共にしようとしている女性がスパイ容疑で逮捕されたとなれば穏やかではありません。そこでベイトの身元を再確認したところ、やはりイギリス王室の縁戚の私生児だと判明します。

「むしろ、作戦はやりやすくなった」そうシェレンベルクは考えます。シャネルがひとりで行動するよりも確実に思えますし、いざというときは身柄を拘束すればイギリスとの交渉に使えるからです。

すぐにベイトの釈放を命じ、ローマにいる親衛隊の隊長を使って再度、シャネルに会いに行くよう説得します。もし断るのであれば、再び刑務所に行ってもらうという〝脅し〟

もあり、ベイトはしぶしぶ受け入れます。

ドイツ親衛隊のバックアップで、ベイトはパリまで移動します。ベイトの利用価値を知った親衛隊は、彼女の貴族のお友だちをエスコート役に用意し、ローマからパリまでレッドカーペットを敷き詰めるような感じで移動させるのです。

とはいえ、ミラノから乗った飛行機は翼に氷が付着してウルムに緊急着陸するなど、ベイト本人は怖い思いをしたようですが、どうにかパリまで到着します。

シャネルとはパリのホテル・リッツで再会しました。ベイトはそこでシャネルの口から思いもかけない言葉を聞きます。

「店を再開するのは、パリではなくマドリードなのよ」と。

ベイトにしてみれば不信感でいっぱいだったでしょう。ただでさえ、イタリアから無理矢理に連れてこられているわけです。ですが、ことの成り行き上、当面はシャネルの話に協力姿勢を見せ続ける決心をしたようです。

もちろんマドリードに行くのは、開店のためなのではありません。しかし、その本当の目的を、シャネルは最後までベイトに告げることはありませんでした。「ドイツに協力するなんてまっぴらゴメンよ」とヘソを曲げられてしまっては元も子もありませんから。さらに念を入れ、ミシアなど共通の友人にベイトが連絡しようとするのを、「電話は盗聴されているから」との理由で断念させてもいます。

一方のベイトも、シャネルに内緒にしていたことがありました。マドリードに着いたらすぐ英国大使館に駆け込んで自分の希望する出国先に逃れようと考えていたのです。これが抵抗なくマドリード行きを承諾した真の理由だったのです。

ところで、シャネルがナチスの命を受けてマドリードに行くのはこれが初めてではありませんでした。実は1941年の8月から秋にかけて一度、ルイ・ドゥ・ヴォーフルランドという39歳で同性愛者のフランス人男爵と2人で「政治的情報」を得るためにマドリードへ派遣されています。新たに公開された証拠を調べ直したヴォーンによると、この時点でシャネルは単純にドイツ軍に捕らえられた甥アンドレを解放してもらう代わりに、ドイツのために一肌脱ぐ程度の認識しかなかったようです。

しかし、ディンクラーゲが何気ないふりを装ってシャネルに紹介したドゥ・ヴォーフルランドは筋金入りのナチススパイでした。母親がスペインの貴族で本人もスペイン語が堪能だったため、現地で新たなスパイをリクルートするのが彼の真の目的でした。でも、表向きはシャネルが『5番』のセールスをスペインで増やしたり、その国際的名声を利用して各界の要人に会ったりする際に、通訳兼随行員として手助けする役でした。つまり、シャネルは真の目的のカバーとして利用されていた可能性があります。

シャネルがこういった真相をどこまで知っていたかについては、よくわかっていません。しかし、ヴォーンは驚くべき証拠を発掘しました。1941年にベルリンの諜報機関において、シャネルはエージェントF―7124、コード名「ウェストミンスター」として登録されていたのです。これは彼女がナチスのスパイか、少なくとも情報提供者だったことを意味します。しかし、一方では通常エージェントが提供するはずの文書報告が、まったく出てきていないのも事実のようです。

戦後パリの法廷で再尋問された際、シャネルはそうした登録についても自分にスパイの嫌疑がかけられていることについても、一切あずかり知らないと全面否定しています。

いずれにせよ、ウェストミンスターという彼女の元カレの名を洒落《しゃれ》っ気たっぷりにコード名に使ったり、ちょうど彼女の最初のマドリード行きに合わせるかのように登録されているタイミングから察すると、ディンクラーゲがシャネルに内緒でことを進めたとも考えられます。

さて、帽子作戦に話をもどしましょう。

ドイツ軍の発行する通行許可証を携えたシャネルとベイトは、パリからディンクラーゲに伴われてマドリードに到着します。1943年の暮れもしくは1944年の初めのことです。途中、ナチスの管轄下にあったフランスとスペインの国境検問所で、ディンクラーゲはシャネルのマドリードにおける工作資金に関する命令をすでに受けていたシェレンベルクの連絡将校と会っています。しかしディンクラーゲがマドリードに到着後、いつまでどこに滞在し何をしていたのかは謎のままです。いずれにせよシャネルとベイトは滞在するホテルにチェックインすると、互いに正確な行き先を告げずに行動を開始します。

シャネルは英国大使館の大使に面会します。秘密裏に休戦交渉に入る準備のあるナチス・ドイツ最高司令部のお墨付きを得た重要な話があるからチャーチルに会わせてくれと、チャーチル宛の手紙を託すのです。

同じ時間、ベイトは同じ大使館の情報将校にすべてを打ち明けていました。イタリアで逮捕され刑務所に入れられたこと、ドイツの親衛隊によってパリに移動させられたこと、シャネルとともにマドリードにやってきたこと。そして、できれば自分はすでに連合軍側が支配する南イタリアに逃れたいこと。

『ヴォーグ』の元編集長でゴンクール賞作家でもあり、シャネルの伝記を書いたシャルル

＝ルーによると、2人は大使館から出てきたところで鉢合わせになり、非常に気まずい雰囲気になったようです。いささか演出が効き過ぎているような気もしますが、実際そういうことがあった可能性はあります。

ともあれ、2人の訪問を受けた大使館側は戸惑います。別々にやってきて、お互いにちぐはぐな話をする。しかも片や超有名なファッションデザイナー、もう一方は英王室の縁戚関係にある夫人です。ちょっと判断が尽きかねるというので本国にお伺いを立てることになりました。しかし、本国からの返事はなかなか来ない。2人はそのままマドリードに滞在することになります。

チャーチルの肺炎で作戦は失敗に

帽子作戦は、チャーチルを動かせるかにかかっていました。シャネルの手紙も、ベイトを連れてきたのもすべてはそのためです。ところが、肝心のチャーチルはタイミング悪く、1943年12月にテヘランでルーズベルト米国大統領、スターリンソ連議長との初の3巨頭会談を終えた直後、アイゼンハワー将軍に会うためにに立ち寄ったチュニジアで肺炎にかかってしまいます。70歳近い高齢もあって、軍の参謀や取り巻きの政務官にも会えないような状態だったようです。翌1944年初めに静養のためにモロッコに移された後、1月19日にようやくロンドンに戻りました。この間、マドリードの英国大使館に依託された休戦交渉を促すシャネルの手紙がどうなったのか謎のままです。

とはいえ、古くからの友人チャーチルの健康を気遣ってホテルの用紙にシャネルが走り書きして、マドリードの英国大使館に託したもう一通の手紙は、後日ロンドンの首相官邸に届き、夫の不在中にチャーチル夫人がそれを見たという記録が残っています。

いずれにせよ作戦は完全に失敗しました。シャネルはパリに戻りますが、ベイトはマドリードに残ります。もちろん、イタリアに戻って夫に再会するためです。シャネルは自分についてきてくれることを期待していたようで、パリに戻ってからベイトに恨み辛《つら》みの手紙を書き送っています。作戦の失敗はベイトに何の責任もありません。勝手に友情を裏切られたという、逆恨みでしかありません。

この作戦には致命的なミスがありました。まず、シャネルとベイトの間に信頼関係がなかったことです。作戦の内容すら事前に打ち明けていなかった。

かつてミューズとして彼女を使ったのと同じように、打算的、手段的な関係であり、ミシアのような心の友ではなかったのです。もしベイトとの間に信頼関係があったら、別のルートでチャーチルに働きかけるなど、また違う方法があり得たかもしれません。シャネルには同性と深い信頼関係を築くことを苦手にしていたふしがあります。相手が男性なら、寝てしまえばよかったのですが（笑）。

最大の誤算はチャーチルが病気になってしまったことです。では、仮にチャーチルが病気にならず、万が一にも面会が実現していたとしたらどうでしょうか。

チャーチル自身は、ドイツとの講和など絶対に受け付けなかったでしょう。彼の性格上、決してナチスに譲ることはなかった。

こんなエピソードがあります。1940年、侵攻するドイツ軍がパリに接近しつつあったとき、チャーチルは外相や軍司令を伴ってフランスのトゥールに飛び、フランス海軍のダルラン提督に、いかに戦況が悪化しても決して自国の軍艦を敵側に引き渡さない約束をさせます。その直後、パリを占領されて腰砕けになったフランスは親ナチのヴィシー政権を樹立しました。

そうした中、フランス海軍は、英国政府から次のような最後通告を受けます。アルジェリアに待避中の自国艦隊を沈没させよ、さもないと英国軍の攻撃により撃沈すると。それにもかかわらず、港から逃れ出ようとしたため、チャーチルは英空軍に命じて爆撃と魚雷攻撃によってフランス艦隊を撃沈させたのです。その結果、同盟国の1300人の乗組員が犠牲になりました。ヴィシー政権は驚愕《きょうがく》し、ダルラン提督は英国に対して宣戦布告しかねないほど憤《いきどお》ったといいます。

第一次世界大戦のとき、チャーチルが、最前線で銃弾の飛び交う中、鼻歌を歌いながら悠々と1時間かけてバスに浸かっていた逸話は有名です。首相となった第二次世界大戦中はロンドン空襲の際、地下防空壕でひとりブランデーと葉巻を嗜《たしな》みながらゆっくりと対独戦略を練っていたつわ者です。

そういう性格から、ドイツとの妥協など絶対にあり得なかったでしょう。

しかも、1943年の暮れというと連合軍が反撃していく時期です。翌年6月に決行されることになるノルマンディー上陸作戦の計画立案のプロセスはすでに43年1月から始まっており、12月にはアイゼンハワーがその指揮をとる連合軍最高司令官として任命されています。翌年2月には、ドイツ敗戦後の世界を見据えたヤルタ会談がありました。停戦するメリットが連合国側にはなかったし、ましてや対独単独講和などもってのほかです。

パリに戻ったシャネルは、ベルリンに向かいます。親衛隊の国外諜報局責任者であるシェレンベルクに作戦失敗の釈明をするためです。そしてもしそれ以前でなかったとしてもこのとき、シャネルはシェレンベルクとどうやら「寝ている」らしいのです。そうでもしなければ、身の安全も命も保てなかったのかもしれません。ちなみに、プレイボーイとして知られたシェレンベルクはこのとき33歳、シャネルは60歳です。もう、「どうでもいい」という声さえ聞こえてきそうですが……。

逮捕されるも3時間で解放される

44年の8月、連合軍によってパリが解放されます。ロンドンの亡命政府から戻ったド・ゴールがシャンゼリゼ通りを凱旋《がいせん》パレードし、パリ市民は熱狂で迎えました。それと同時にドイツへの協力者に対する粛清が始まります。暴徒化した市民はナチスの兵士と寝た女性も容赦せず、髪の毛を切り、見せしめとして街中を引き回しました。

ホテル・リッツにも粛正委員会を名乗る2人組が押しかけてきて、シャネルは逮捕されてしまいます。

シャネルが連行されるところを目撃したリファールは、「あたかもマリー・アントワネットが断頭台に連れて行かれるときのように居丈高で立派な女王のような振舞いだった」と語っています。ナチスに協力したリファールも、パリが解放されたときはシャネルのアパルトマンの押し入れに隠れる生活を送っていました。

敵国のスパイと4年にわたり同棲生活を続け、ナチスのための工作さえ立案し実行しようとしていた。この事実は十分逮捕に値しました。もちろん、シャネルにしてみれば、やましいことは何もありませんでした。誰と恋愛関係になろうと自由だし、帽子作戦も和平のために動いただけという自負もあったでしょう。しかし、当時ドイツ協力者への憎悪はパリに蔓延していました。

しかもシャネルは有名人ですから、見せしめとしては申し分ありません。裁判にかけられることはもちろん、市中を引きずり回されて処刑されても、当時の雰囲気としてはおかしくなかったのです。

ところが、逮捕されてから3時間ほどでシャネルは解放され、ホテル・リッツに戻ってきます。

理由は明らかになっていませんが、相当高いレベルの要人の介入がなければありえません。それ以降、一切何の罪にも問われておらず、スイスへの亡命も許されています。チャーチルか英国王室か、あるいはその両方からの介入があったのではないかと推測されています。

また、シャネルが自宅に戻ってきたとき、「チャーチルが私を解放してくれたのよ」とメイドに告げたことを、その場に居合わせたシャネルの甥アンドレの娘ガブリエル・パラス・ラブリュニが、2009年の電話インタビューでハル・ヴォーンに語っています。もちろん当時の状況ではシャネルとチャーチルが事前に打ち合わせる機会などまったくなかったはずですが、シャネルのこの一言は的を射ていたのかもしれません。

というのも、もしシャネルが裁判にかけられた場合、イギリスの上層部、チャーチルや王室にとって公にしたくない事実をバラされる可能性があったからです。そのひとつが、「王冠をかけた恋」で知られる、ウォリス・シンプソン夫人と結婚したウィンザー公爵の事案です。第二次世界大戦中にスペインやバミューダを転々としていたウィンザー公はドイツが新たに占領した地域を含む世界各国に莫大な財産を所有していました。彼自身親ナチだったのですが、英国として彼の財産をドイツに没収させるわけにはいかない。そこで、チャーチルは1939年の敵対国貿易禁止法を自ら破り、それらの財産を守るために密かにナチスに金を払っていたのです。これは、王室やチャーチル自身が国民を裏切ってナチスに利益を与えていたことになります。そして発覚すれば7年の入獄になるのです。シェレンベルクは、1940年にウィンザー公を誘拐しようとして失敗したこともありました。ウィンザー公、そしてシェレンベルクの2人に通じていたシャネルなら、そうした一連の事実を知っていた可能性は十分にあったでしょう。

シャネルに口を開かせないよう釈放したのだとすれば、まさに、彼女が長年蓄積したリワイヤリングによる情報網が、思いがけず自らを助けた出来事だったと言えるかもしれません。

スイスで亡命生活を送る

シャネルはスイスのローザンヌに移り住みます。ディンクラーゲはいったん北ドイツの母親の館に身を隠した後、ローザンヌでシャネルと合流し、同棲生活を始めます。ローザンヌには、喜劇役者のチャップリンや、シャネルの死後、『獅子座の女シャネル』を出版した作家のポール・モランもいました。チャップリンは、アメリカで共産主義者やそのシンパを追放する「赤狩り」から、モランは戦時中にヴィシー政権でもともとの職業だった外交官だけでなく映画の検閲官も務めたため、親ナチとして糾弾され、スイスに逃れてきたのです。

亡命生活を支える資金は、思わぬ所から入ってきました。1945年にヴェルタイマー兄弟との裁判で勝ち、香水の莫大な利益が転がり込んできたのです。

戦後一段落して、全世界のシャネルの香水売り上げの2%、当時の金で100万ドル、今のお金にすると5億円ほどでしょうか、それぐらいの金が黙っていてもシャネルの懐に入るようになりました。何もしなくても一生食べられるようになったのです。

ただ、暇はもてあましていたようで、「ピカソは私より年上なのにパリで活躍できてうらやましい」とポール・モランに語っています。シャネルの魅力は仕事をしてこそ輝くのでしょう。このときのシャネルは後に満70歳でカムバックしたときよりも老けて見えたそうです。

ディンクラーゲと暮らすスイス亡命生活は、「帽子作戦」の発覚を恐れたという一面もあったことでしょう。彼の生活の面倒を見たのも、「口止め」の意味があったのかもしれません。

ディンクラーゲは1950年頃、突然姿を消し、シャネルの財団から年金をもらいながらスペインの保養地で暮らします。そして、1976年に南ドイツで亡くなります。彼の最期を看取ったのは同棲していたバイエルンの貴族出身の女性でした。ザルツブルクで火葬された後、遺骨は出身地のハノーバーに送られ湖畔の戦死者記念墓地に埋葬されました。

帽子作戦について知るその他のドイツ人はどうなったのでしょうか。

責任者だったシェレンベルクは、スウェーデンの貴族を通じて平和交渉をするよう親衛隊のトップ、ヒムラーに進言し、ともに講和を模索していました。しかし、ヒトラーに内緒で進められていたこの交渉は失敗。さらに交渉の事実が英国と米国のラジオで放送されたため、ヒトラーはヒムラーの裏切りを知り、逮捕を命じます。逃亡したヒムラーはイギリス軍に逮捕され、収容所で自殺します。その少し前、ベルリンの地下壕でヒトラーも自決し、千年続くと豪語していたドイツ第三帝国は、わずか12年で崩壊します。

そして、シェレンベルクはデンマークで連合軍に逮捕されます。

ドイツの戦犯を裁いたニュルンベルク裁判で、シェレンベルクはもっとも軽い禁固6年の刑を言い渡されます。裁判の過程で、シェレンベルクは帽子作戦について一言も触れませんでした。

モム騎兵大尉も口が堅く、秘密を守るだけでなく、シェレンベルクとシャネルの連絡役を担っていました。ひとまず、帽子作戦が世に知られてしまう心配はなくなったのです。

収監されたシェレンベルクは末期癌を患い、刑期の6年を待たずして釈放されます。彼は偽名を使い、妻とともにシャネルのいるスイスに逃れてきます。そして、獄中で書きためた草稿をもとに第二次世界大戦を振り返る回想録を出版するためにドイツ人ジャーナリストの手を借りて改訂作業をはじめます。

スイスで彼の生活費や治療費、出版にかかる費用などは、シャネルが負担しました。この回顧録の執筆中、シェレンベルクは身分を偽っていることがスイス当局にばれて、国外追放されます。そして、イタリアのトリノで42歳で亡くなります。そのときの葬式代もシャネルが出してやりました。後に子供とともにデュッセルドルフに移り住んだ彼の未亡人にも大金を支払っています。

一説によると、スイスに来る前のシェレンベルクからシャネルに長距離電話があり、「もしあなたの名前を私の回顧録に入れて欲しくないならば、わかるだろう?」となかば脅迫されたという説もありますが、事実は定かではありません。

いずれにせよ、シェレンベルクの出版した回想録『ラビリンス』(迷路)に、シャネルの名は書かれてはいません。

また、シャルル＝ルーのシャネル伝記によれば、シェレンベルクの死後、回顧録に関わった出版エージェントからシャネルに連絡が来たそうです。出版エージェントは作家の著作権管理や出版社との契約交渉をおこなう代理人ですが、シェレンベルクと愛人関係にあったことを知り、シャネルを脅して大金を得たというのです。

他方、マドセンやヴォーンのシャネルの伝記によれば、シェレンベルクの原稿編集をサポートし英語版にはしがきを寄稿したのはアラン・バロックという著名な英国人の歴史学者です。彼はニュルンベルク裁判の専門家でヒトラーに関する名著もあり、ナチス外相リッベントロップの回顧録の編集にも携わった大物文化人で、戦後オックスフォード大学の学長も務めています。

いずれにせよ、シャネルのスイス亡命時代は暗い話が多いようです。

家族やかつての知人が次々に死んでいくのも、第二次世界大戦からこの時期にかけてです。2人の弟、下のリシュアンは41年、上のアルフォンスは45年に亡くなります。戦後復活したシャネルの店に、アルフォンスの娘2人（名前は、ガブリエルとアドリエンヌ！）が訪ねてきたことがあったそうです。ところが、伯母に会わせてもらうことはできなかった。スタッフから「マドモアゼルはいません」と冷たくあしらわれ、ならばドレスだけでも見せてくれないかと頼みますが、「それも許可がいるからだめだ」と追い払われるのです。

ドミトリー大公は41年、ミシアは50年に亡くなります。シャネルにとってミシアの死はショックでした。彼女はフランスより規制の緩やかなスイスのローザンヌによくシャネルを訪ねてきては、その行きつけの薬局でコカインを手に入れていたようです。シャネルはたったひとりで、ミシアの亡骸に化粧をほどこし、手厚く葬りました。

ウェストミンスター公爵が世を去ったのは1953年。シャネルと別れた後、結婚した3番目の妻とも離婚し、4番目の妻と一緒でした。しかし、最後まで跡継ぎの男の子は生まれませんでした。バルサンも同じ年に亡くなっています。死因は、カペルと同じ自動車事故でした。ホセ・セール、コレット、叔母のアドリエンヌ、ヴェラ・ベイトも相前後してこの世を去っています。

こうして戦前シャネルが築き上げたネットワークは急速に縮小していくのです。

チャーチルのノーベル賞作品は、ラ・ポーザで書かれた

スイスでの亡命時代、シャネルは所有していた南仏の別荘ラ・ポーザを手放します。親しい友人たちとも次第に疎遠になり、ヴァカンスを楽しむ心の余裕もなくなったからです。

ラ・ポーザを購入したのは、チャーチルの出版エージェントでした。すでに首相の座を降りていたチャーチルは、そこで6巻にわたる大著『第二次世界大戦回想録』を執筆します。チャーチルはもちろん、ここがシャネルの別荘だった頃にも何度も訪れています。ですが、回想録に帽子作戦のことは一切書かれていません。病に伏していたときの出来事だったので知らされていなかったか、あるいは仮に知らされていても知らんぷりで通したのか、シャネルへの配慮があったのか、理由はわかりません。いずれにせよ、歴史的大事件を経験し尽くしたチャーチルにとってはとるに足らないことだったでしょう。

この回想録でチャーチルは1953年にノーベル文学賞を獲ります。1945年に一度候補に挙がった平和賞ではありません。もっともチャーチルは無謀な作戦でかなりの兵士

を死なせたので、ノーベル平和賞は皮肉にしかなりませんが。

さらに余談ですが、チャーチルのいとこに、第9代マールボロ公爵であるチャールズ・スペンサー＝チャーチルがいます。彼は鉄道王で知られたアメリカの大富豪、ヴァンダービルト家の娘コンスエロと結婚していましたが、1921年に離婚。そのコンスエロが再婚するのが、なんとシャネルの最初の愛人だったエチエンヌ・バルサンの兄、ジャック・バルサンなのです。ジャック・バルサン夫妻はラ・ポーザの近くに別荘を建て、そこへチャーチルはしょっちゅう遊びに来ては趣味の油絵を描いていました。今でもチャーチルの描いた美しい風景画はたくさん残っており、戦後首相に返り咲いたときにモロッコのマラケシュで描いた絵は、近年、サザビーズのオークションで1億数千万円の値段で落札されています。

こうした余談が多いのも、「スモールワールド・ネットワーク」ならではの現象でしょうか。欧米エスタブリッシュメントの人たちが皆どこかでつながっており、シャネルもその重要な一角を占めていたことの証しでしょう。

そして、このスモールワールド・ネットワークから来るメリットこそが、ふだんあまり意識されていなくても、上流階級の富や権力の源泉になっているのです。

典型的な例は、第二次世界大戦の後でも、貴族や大富豪の子供が外交官に就くことが多いことでしょう。外交には、各国の王室などとの社交がつきものなので、その素養のある上流階級に向いた職業ではあります。また、たとえ本人の能力がそれほど高くなかったとしても、すでに家族、親戚を通じて広いネットワークを持っているので、非常に利用価値が高い。政界、経済界の有力者はネットワークが大きな力になると知っているので、いわゆる血筋の良い人間を取り立てようとするのです。

欧米の貴族階級、大富豪が何世代にもわたって強い影響力を持つ理由は、蓄えた富だけにあるのではなく、支配者階級のコミュニティをつなぐ分厚いネットワークにあることの何よりの証左でしょうか。

70歳過ぎの復活

15年間の沈黙期間を経て、シャネルは1954年2月にカンボン通りの店を再開します。年齢は満70歳になっていました。

カムバックの決心をさせたのは、ある舞踏会での出来事でした。ギ・ドゥ・ロスチャイルドと結婚した貴族の娘マリー・エレーヌは53年にパリの社交界でデビューすることになっていました。パーティーの前に彼女のドレスを見たシャネルは、「そんなドレスを着たら大恥をかくわよ」と、窓にかかっていた赤いカーテンを引きはがし、それを数時間でドレスに仕立てあげたのです。映画『風と共に去りぬ』のヒロイン、スカーレット・オハラがカーテンでドレスを作って成功するシーンがありますが、それを地でいくエピソードです。

マリー・エレーヌの着たドレスは舞踏会で大絶賛を浴び、そこにいた人々から「どこで作ったの」と質問攻めにされます。そのことを報告されたシャネルは「自分はまだできる、大丈夫だ」との確信を得るのです。

ところが、復帰後最初のコレクションの評判は散々でした。ショーはまったく盛り上がらず、英仏のマスコミからは、「もうシャネルの時代ではない」と叩かれる始末です。

シャネルが復帰する少し前、クリスチャン・ディオールが、ウエストを細く絞り、長いフレアスカートを合わせた「ニュールック」で一世を風靡していました。「ニュー」と銘打ってはいますが、これは昔のコルセットを装着していた時代のファッションのリバイバルともいえるでしょう。長い戦争が終わった後で、きらびやかな装飾の服が求められていた、その間隙を突いてうまく出てきたとも解釈できます。

この時代のファッションの移り変わりはますます加速度を強めていました。次々に新しいモードが出てきており、あのスキャパレリでさえ戦後パリに戻り店を復興するものの、あっという間に引退したほどです。

クリスチャン・ディオールの後は、イヴ・サン・ローラン、そしてピエール・カルダンが出てきました。フランスの女優ジャンヌ・モローもシャネルの顧客でしたが、ピエール・カルダンに乗り換えてしまい、カルダンと同棲しはじめます。シャネルは自分以外のクチュリエは皆嫌いでしたが、とりわけピエール・カルダンのことはもっとも憎悪していたようです。

とにかく、復帰第一回のコレクションは大失敗。当然のことながら、店には誰も客が来ず、閑古鳥が鳴いていた。われわれの一般的な感覚からしても、70歳過ぎのおばあちゃんであるシャネルにファッション界での復活を期待する方が、普通は無理というものでしょう。

復活をバックアップしたのは、かつての宿敵

この窮地を救ったのは、かのヴェルタイマー兄弟、正確には弟のピエール・ヴェルタイマーでした(兄のポールは47年没)。彼が金銭的なバックアップをしてシャネルを支えたのです。

なぜ助けたかというと、ピエールはシャネル香水の権利を持っていますから、シャネルが落ちぶれるのは、ブランドに傷がつくので困る。とくに香水の場合は、シャネルの名前がそのまま商品名ですからなおさらです。また、香水の利益をめぐって長年敵対したとはいえ、その係争も戦後解決しましたし、やはりシャネルに対する一抹の尊敬があったとも言われています。

一方、シャネルにしてみれば、自分には家族も、跡継ぎもいないから、自分が生きている限りにおいてやりたいようにできればいい、という考えがありました。そこでシャネルは自分の死後、店の権利をすべて引き渡す代わりに、店の経費および自分の個人的な生活費を全額ヴェルタイマーが負担する、という契約を彼と交わしたのです。実はこうした段

取りを経て、シャネルはお店を再開していたのでした。

誰もが大失敗だと思ったシャネルのカムバック。ところが、しばらくしてアメリカでシャネル人気に火がつき始めます。『ライフ』『ヴォーグ』などの専門誌が特集を組んで、「これこそが現代の女性が求めている服である」と評価し始めたのです。

そして、復帰の翌年、永遠の定番である「シャネルスーツ」を発表し大成功。そのまま亡くなるまでモードの第一線を維持するのです。

戦後にシャネルファッションを愛した有名人の名前を挙げてみましょう。女優だけでも、グレース・ケリー、イングリット・バーグマン、エリザベス・テーラー、リタ・ヘイワース、マリーネ・ディートリッヒ、といった具合にハリウッドスターを丸抱えといった趣《おもむき》です。

1960年代に入ると、ジュリエット・グレコ、アヌーク・エーメ（フランスの女優）、ロミー・シュナイダー（女優）、フランソワーズ・サガン（『悲しみよこんにちは』で有名な作家）、ジャンヌ・モロー、ソフィア・ローレン、カトリーヌ・ドヌーヴ、ポンピドー大統領夫人など、きりがありません。衝撃的な映像とともに記憶されるのは、ジャクリーヌ・ケネディ大統領夫人です。夫のジョン・F・ケネディが暗殺され、夫人のピンクのシャネルスーツが血を浴びた映像はテレビを通じて世界中に配信されました。

戦後のカムバックがなければ、シャネルは一昔前に流行したファッションブランドのひとつとして、人々の記憶から徐々に消え去っていたことでしょう。二度の世界大戦を挟んで時代が続々と変わってもシャネルは超一流、永遠のトップブランドであることがここで確実となったのです。

シャネルの最期

80歳代のなかばを超えると、さすがのシャネルも肉体的な衰えが目立ってきます。85歳のとき(69年)、ブロードウェイでミュージカル『ココ』が上演され、シャネルはリハーサルを見に行きます。

ココ・シャネルを演じたのは名女優のキャサリン・ヘップバーン。音楽はアンドレ・プレヴィン(後に女優ミア・ファローと結婚、ロンドン交響楽団の音楽監督等を歴任)。シャネルはこのリハーサルで、とくに写真家出身のセシル・ビートンの衣装には難癖をつけますが、軽い脳卒中で倒れてしまいます。病院のベッドで目覚めると、枕元にカトリックの神父が立っているのに気づいたシャネルは「死ぬにはまだ早いわよ」と追い払ったといいます。

幸いにも命には別状はなく、3か月ほどのリハビリ後、退院しています。しかし、後遺症で右腕に麻痺が残ったために、人前に出るときは添え木の役割を果たす黒い手袋をはめるようになりました。

さらに不眠症にも悩まされていました。モルヒネの含まれたセドールという睡眠剤を自分で注射していたのですが、夢遊病の症状が出て、夜間ホテル・リッツの廊下をフラフラと歩き、ホテルのスタッフに、「マドモアゼル、お部屋はそちらじゃありませんよ」と部屋に戻されることもあったようです。体重も減り、指から指輪が抜け落ちるようになりました。

この頃になると、周囲の人間はかなり限られてきます。身の回りの世話をする、ジャンヌ・セリーヌというメイドと、ノルマンディー出身のぼくとつな執事、フランソワ・ミロネー。この丸顔で所帯持ちの執事には気前よく車とアパルトマンを買い与えています。彼がまだ独身だった頃、79歳のシャネルは30歳ほど年下のミロネーに求婚したとの噂も出ました。

⑤動乱・復活期（57～87歳）

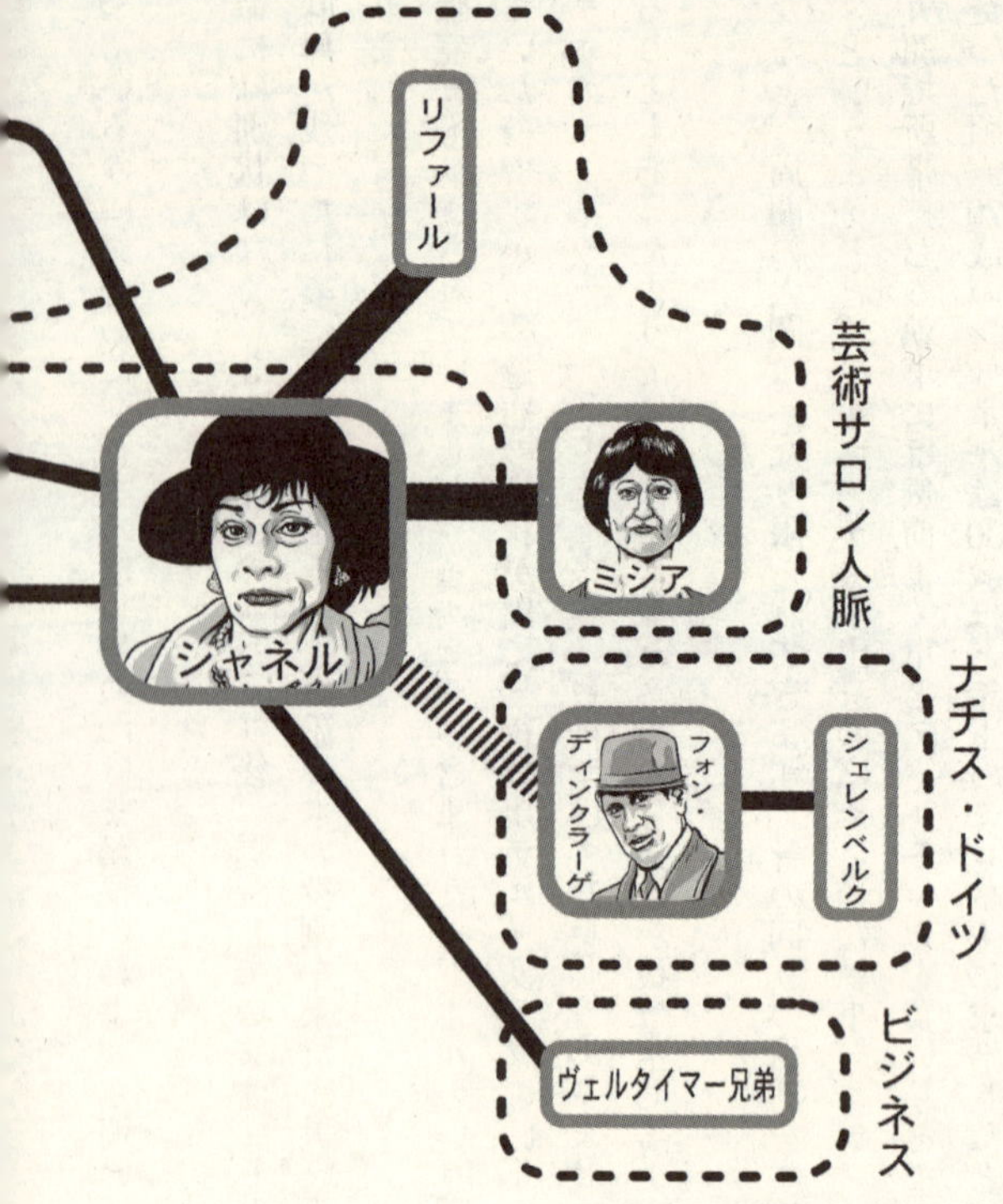

店を閉じた1939年から第二次世界大戦の終わりまでは、馴染みの芸術家仲間との交際が中心。ミシア、コクトー、ルヴェルディらとは腐れ縁の様相も。戦争中は、政治的なつながりも目立つ。ナチス・ドイツのスパイの愛人となり、ベイトを通じて英国政府への接点を求めて、「帽子作戦」という奇妙なミッションを思いつき、実行する。

戦後、シャネルの復活を助けたのは、『5番』の権利をめぐり争っていたヴェルタイマー兄弟だった。敵対関係から協力関係へ。第二次世界大戦の動乱を乗り越えたシャネルならではの復活劇と言えよう。

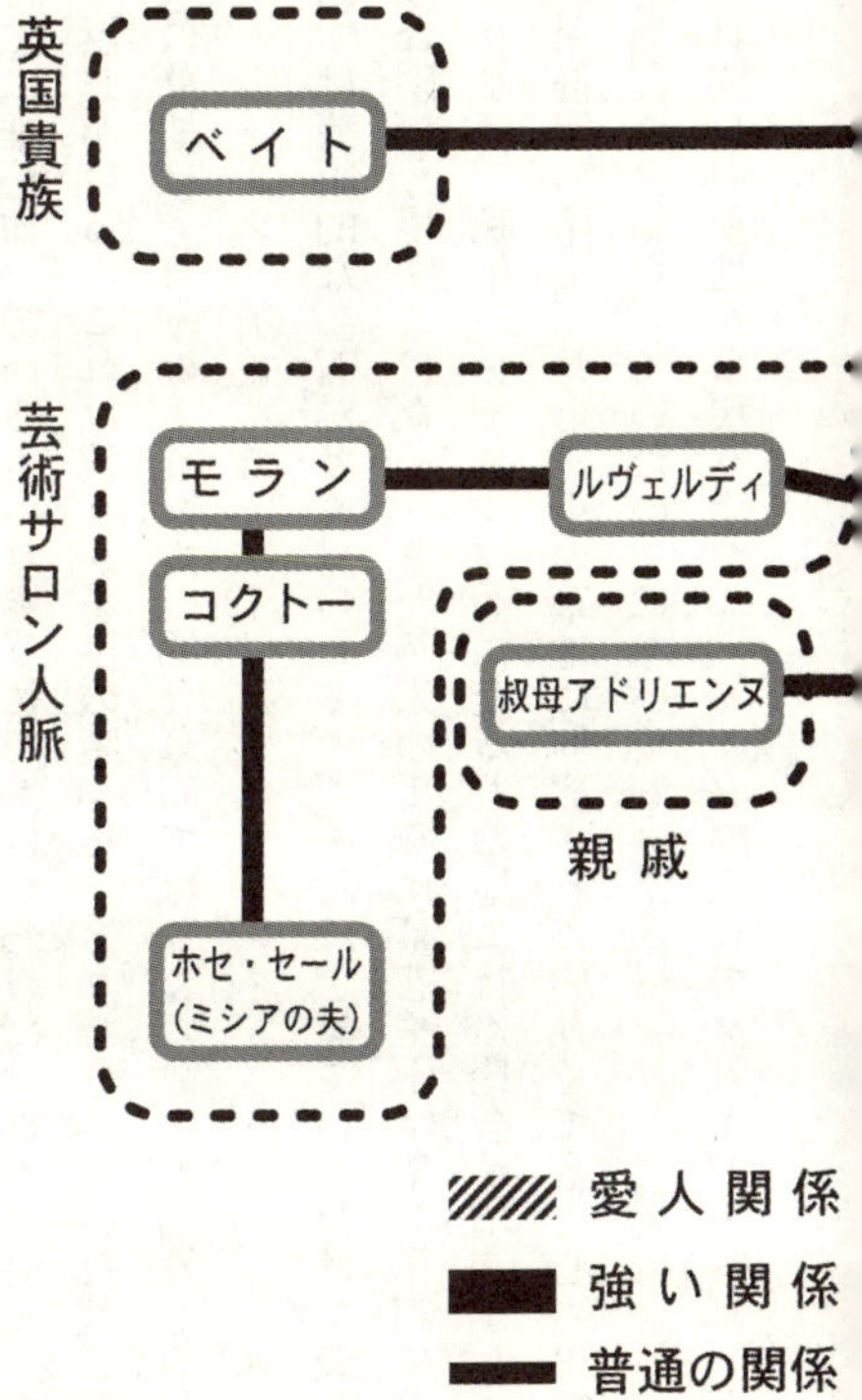

そしてもうひとり、クロード・ベレンという若い女性の精神科医が寂しいときの話し相手として日曜日によく呼ばれていました。

1971年1月10日、日曜日。でもシャネルは日曜日が大嫌い。なぜなら仕事ができないからです。前日まで次のコレクションの準備をしていましたが、この日も精神科医のクロード・ベレンを呼び出して、お抱え運転手付きのキャデラックでパリ市内の墓地に行っています。とくに誰か知っている人の墓参りにでかけたわけではありません。でも墓地で死者に対して話しかける。これは彼女が子供の頃からひとりでやっていた遊びでした。

ヨーロッパの墓地は、日本のような画一的な墓石ではなく、故人の個性を表わす見応えのある立派なモニュメントが並んでいます。とくにフランス、スペイン、イタリアといったラテン諸国では芸術的な墓石が多く見られます。それは、見ているだけで楽しい。日本の墓地のような陰鬱《いんうつ》な場所ではなく、また英米のように墓石や十字架が単調に並んでいる風景とも異なります。晩年のシャネルは暇になると墓地に行く機会が増えました。おそらく喧噪を離れた静寂の中で、たとえその墓地に埋葬されていなくても、心の奥で亡くなった知人たちと無言の会話をしていたのではないでしょうか。

この最後の日曜日、墓地から戻りホテル・リッツの入口でクロード・ベレンと別れたシャネルは、疲れ切っており、服も脱がずに自室のベッドに倒れ込みます。メイドのジャンヌ・セリーヌが靴を脱がすと、シャネルは眠りに落ちます。

突然、「苦しい、窓を開けて、息ができないから」というシャネルの叫び声を聞き、ジャンヌ・セリーヌはベッドに駆けつけます。常備薬を注射しますが、息ができない状態になります。

「こうやって人は死ぬのね」

この最期の言葉を残して、シャネルは87年の生涯を終えます。

パリのマドレーヌ寺院でおこなわれた葬儀にはすべてのマヌカン、ダリ、リファール、ジャンヌ・モロー、さらに敵対していたクチュリエまでが参列し、ルキノ・ヴィスコンティは赤いバラの花束を捧げました。そしてこの偉大なクチュリエは遺言通り、スイス、ローザンヌの墓地に埋葬されました。

4章まとめ

■戦時下の「つかず離れず」戦略

シャネルの人生を四季に当てはめてみましょう。

生まれてから帽子店を開店するまでが「開花の春」、第一次世界大戦をきっかけに大きくビジネスを成長させ、カペルの死を迎えるまでが「夏の盛り」、芸術家や愛人たちとの交際で公私ともに充実していた時期が「実りの秋」、ブティックを閉めてからスイスでの亡命生活は「暗い冬」となるのではないでしょうか。

ここまでは第1楽章から第4楽章で構成される交響曲のようです。彼女が例外的だったのは、冬で終わらないでカムバックがあったこと。再び春を迎えるのです。これは普通の人生にはあまり見られない展開で、シャネルの凄みと言えるでしょう。それまで4楽章で完結していた交響曲を、マーラーは第5楽章や第6楽章まで拡張し、伝統的なソナタ形式を捨象したり、歌曲との境界を曖昧にしたりして、シンフォニー形式を創造的に破壊しました。そうした動きに通じる生き方の革新性が、シャネルの人生にはあったのです。

なぜシャネルは、また「春」を迎えることができたのか。ポイントとなるのは、「冬」の時代の過ごし方です。シャネルの不遇な時代の身の処し方、混乱した時代の生き方は、現代人にもとても参考になるはずです。

この時期、シャネルはファッションの世界から一切身を引いています。戦争を終わらせようと「帽子作戦」を実行したのも、商売のためではありませんでした。もちろん、ヴェルタイマー兄弟から香水の権利を取り戻したいという思惑はありましたが、ブティックは開こうと思えば開くことができたはずです。

ただ、その当時、商売をするにはナチス・ドイツとがっちり手を組むしかありませんでした。シャネルならナチスの威光を利用してビジネスを拡大することも可能だったでしょう。しかし、もしそうしていたなら、戦後に「親ナチ」のレッテルを貼られ、おそらくシャネルブランドは絶えていたことでしょう。

実際シャネルの友人、セルジュ・リファールはバレエを続けるためにナチスと深い関係を持ったため、戦後、一時的とはいえオペラ座を追われました。

ドイツ側につくか、連合国側につくか、その判断により戦後の運命が決まった。シャネルが積極的にビジネスをしなかったのは、戦後を見据えてのことだったのかもしれません。

とはいえ、ナチスに人脈を新たに作っているのは、遠距離交際の達人、シャネルらしいところです。イギリスに親近感を持っていたシャネルですから、ナチス・ドイツのことは毛嫌いしてもおかしくなかった。もちろん、友人のユダヤ人を強制収容所から救い出す活動もしていたわけですから、たとえ世間の一部から反ユダヤ主義者と見られていたとしても、ナチスのユダヤ人に対する仕打ちには怒りを感じていたことでしょう。

ディンクラーゲなどドイツ人とつきあった第一の目的は、自分が安全裏に生きるためであって、（マドリードへの「リクルートの旅」と帽子作戦は除いて）公の立場でナチスに協力したわけではありませんでした。クチュリエとしては一切沈黙し、何も行動しなかった。あくまでもプライベートな愛人関係で、せいぜい実利的に意味があったのはホテル・リッツとカンボン通りのアパートを手放さなくてすんだ程度のことです。

ディンクラーゲやシェレンベルクとの関係では、戦後祖国を裏切ったと断罪される可能性もありました。実際、（本人は認めていないとはいえ）ナチスの諜報機関にエージェントとして登録され、逮捕もされているのですから。しかし、おそらく英国政府筋の計らいもあり、シャネルは咎《とが》なく生き延びることができた。こうした芸当は誰にでもできるものではありません。

利用する権力が大きいほど、得る利益も大きくなります。しかし何かのきっかけでその権力が転覆されると反動も大きくなります。最近の例でも、エジプトやリビアのような独裁国家ほど、一気にひっくり返るし、その中枢にいた人は完全に追放される。とくに、戦争などの混乱期は利権も大きいでしょうが、反動も大きい。そういうリスクを抱えるわけです。

シャネルは、政治の中枢に人脈を持っていた。イギリスのウェストミンスター公爵、ドイツの親衛隊局長シェレンベルク、その2人ともに愛人関係があった。しかし、国家に巻き込まれることはなかった。たとえ巻き込まれそうになっても巧妙に身をかわしています。

こうした時期、普通は、「どちらかにつかないと生き残れないのではないか」と考えがちです。あれかこれか、二者択一的な選択が大問題。ところがシャネルがどちらにもつかなかったのは、イギリスにもドイツにも人脈があったからこそ可能だったのでしょう。

男とは寝まくったけれども国家とは寝なかった。

シャネルの自立心ここに極まれり、です。

クチュリエとしては不本意な時期で不遇だったかもしれませんが、そこで腐らずに、変に悪あがきするでもなく、上手いこと冬眠をして体力を蓄えた。そして、長い冬の時代を経て復活することができたのです。

この、どちらにも軸足を置かない処世術は、現代人にとっても必要とされるノウハウではないでしょうか。

会社員でも派閥争いのどちらにつくかという問題があります。学校に通う子供にすらあるでしょう。

どちらにもつかない、というのはそう簡単ではありません。会社員でも政治家でも、ある程度の地位が備われば派閥争いにまったく無関係でいることはできないでしょう。平社員や平議員ならまだ立場は楽です。ただし、どちらにも関与しない、というのでは、相手にされていないのと同じです。シャネルのように、双方ともに関係を持ちながら、どちらに転んでも問題ないようにする。これが理想ですが実際には難しい。

戦国時代の武将などもっとシビアです。血を分けた兄弟でもどちらにつくかで生死が決まってしまう。大河ドラマが人気なのも、そういったわかりやすい二律背反性があるからなのですが、自分の人生ではなるべく経験したくないものです。

シャネルが参考になるのは、どちら側とも深い信頼関係を持ちながらも、一定の距離感を保つスキルでしょう。政治家と仲良くしても「政商」にはならない。会社員なら、どの上司とも信頼関係を築きつつ社内の派閥争いには一定の距離を置く。生徒なら、学校で敵対する双方の友だちと関係を保ちながら、ケンカやイジメには加わらない。

このバランスの取りかたは、単純なノウハウではなく、経験値がものを言うスキルかもしれません。ある程度の未来予測や、カンの要素も必要です。

シャネルは壮絶な人生を通じて深めてきたものの見方から判断できたのでしょう。第一次世界大戦のときは、ボーイ・カペルの助言がありましたが、第二次世界大戦時は自分だけで判断した。年老いたシャネルだったからこそ可能だった。人間の深みが現われているエピソードではないでしょうか。

シャネルの恋愛戦略(4)

愛人、元愛人の奥さんとも良好な関係を保つ

恋愛を泥沼にはしない。シャネルは別れた相手とはもちろん、最愛のカペルと結婚したダイアナ・リスター・ウィンダムやウェストミンスター公爵の3番目の妻とも良好な関係を持っていたようです。彼女らは、いわば恋人が自分を捨てて結婚してしまった許し難い恋敵であり、恨む対象となってもおかしくありません。

しかし、シャネルは彼女らと敵対するのではなく、親しい関係を保ちました。

店のお客になってもらうのはもちろん、ウェストミンスター公爵の場合は、なんと新婦のウェディングドレスのデザインもしています。依頼したのはウェストミンスター公爵。それを受けるシャネルもすごいですが、ウェストミンスター公爵とシャネルの関係は何年もパパラッチされていたので、新婦が知らなかったわけではありません。それを着た新婦もたいしたものです。

今でもフランスは、政治家に愛人がいても問題にならないように恋愛に寛容なお国柄ですが、そうした傾向は昔からだったのですね。

もちろん、シャネルに嫉妬の感情がまったくなかったわけではないでしょう。しかし、それを見せることはなかった。そこがシャネルのプライドの高さでもあります。ビジネスのことを考えても、敵対する意味はありません。それは相手にとっても同じ。

新しく結婚した相手にとってもシャネルの高名は利用しがいがある。なにしろ、女性にとって着ることでステータスを高められる最高級のクチュリエなのですから、少なくとも表面上は、仲良くしない手はありません。むしろシャネルの男を寝取ったわけだから優越感すらあったでしょう。その逆、クチュリエが顧客であるご婦人の男を奪い取る、もしくは奪い返すことはあり得ない。この点、シャネルは恋愛よりもビジネスを優先させていたと言えるかもしれません。

シャネルの経営戦略

「老舗に進化したベンチャー」のシャネルvs.進化できなかったスキャパレリ

1930年代にシャネルを追い落とす勢いでパリのモード界を席巻したスキャパレリは、他のメゾンで一切修業せずにクチュリエとしてデビューし、香水ビジネスで大成功するなど、シャネルとの共通点も見られます。しかし、ネットワーク論的に見ると2人のタイプは大きく異なります。

ひとことで言うならば、スキャパレリにはシャネルのような激しいリワイヤリングがありません。スキャパレリの成功の源は、ひとえに彼女自身の教養や才能と、これに結びついた時代の特殊な環境にありました。

スキャパレリには、少数の仕事仲間や友人といったん信頼関係を築き上げると、一生それを持続させ、その枠から一歩も出ようとしなかった傾向があります。彼女は、1928年に店で雇った3人の女性（アメリカ人のベッティーナ・ジョーンズ、小柄のイタリア人のお針子、ロレッテ、そして黒髪の情熱的な若いフランス娘）

とともに、メゾンが閉店するまでの26年間、「四つ葉のクローバーのように」一緒に働きました。第二次世界大戦中にスキャパレリがアメリカに亡命していたときは、残った彼女らが代わりにコレクションを発表し、メゾンを守り続けました。

こうした事情は、36年のストライキでは自分のメゾンへの入館を阻まれ、その報復とばかりに、第二次世界大戦勃発とともに従業員を一方的に解雇しメゾンを閉めてしまったシャネルとは対照的です。また愛人やミシアを除くと、本当に親密な友人のいなかったシャネルとは反対に、スキャパレリの周辺には一生続く友人関係が多いのも特徴的です。

ただし、環境が激変した戦後も、仕事仲間やビジネスのスタンスをまったく変えなかったため、スキャパレリは時代の新しい動きについていけず、第二次世界大戦後にはメゾンを閉店せざるをえなくなりました。

片やシャネルは、第二次世界大戦をはさんで15年もブランクがありながら、戦後激変した市場環境にも柔軟に対応し、戦前を含めると46年の長きにわたって成功し続け、彼女の死後もシャネルブランドはファッション界に君臨しています。

こうした事実は、シャネルのビジネスが、彼女個人の限りある属性をはるかに超えて、普遍化し、永続化していることを示しています。言い換えれば、シャネル成功の多くの部分が「外から来た」ことの証しとして、本人の死後、そうした外部の世界が、メゾン自体の消滅を許さなかったと言えるかもしれません。

それに対して、スキャパレリはその突出したデザイン感覚と芸術性にもかかわらず、いや、個人の「内から」噴出する才能の横溢があったからこそ、「遠くの」「他の要素」に助けを求める必要を感じず、そのため「外の」ネットワークとの関係をつなぎ替えて、環境変化に柔軟に対応しようとする努力を怠る結果になってしまったのではないでしょうか。つまり、特定の時代の要求には完璧に応えられたものの、激変した次の時代にはまったく追随できず、自ら身を引く決断をせざるを得なくなった。

もちろん、クチュリエとしての成功、ビジネスの成功と、人としての幸せは別のものです。現実にはシャネルよりも、スキャパレリのほうが友人や知人たちとの落ち着いた交際を楽しんでいたのかもしれません。

シャネルが貴族など上流階級との公の社交を「仕方なしに」こなしていたのに対して、スキャパレリは各国大使や領事夫妻など外交官との交流を真に楽しんでいたようです。おそらく教養や文化、趣味などを共有していたので、洗練された社交の楽しみを堪能できた。そうした芸当は、孤児院育ちのシャネルには想像さえできなかったことでしょう。

2人の立ち位置は、ベンチャーとして始めた企業が老舗に成長できたかという進化能力の違いによるのかもしれません。スキャパレリは人の度肝を抜くようなデザインで一時代を築きましたが、その生き方や経営手法の面では、教養や文化人としての価値観を共有する知人、友人たちとの関係を重視しました。これでは必然的に安定志向に陥ります。その結果、短期的な成功は享受しましたが、次の時代の新しい変化に乗ることはできませんでした。

一方のシャネルは、リワイヤリングを軸とした冒険的な手法によってファッションに真の意味での革命を起こしたベンチャーにほかなりません。最初はスキャパレリと共通する面があったかもしれませんが、後の発展の仕方が決定的に違いました。シャネルは狭い交際範囲を次々とブチ破り、「外から」新しいアイデアやデザインを取り込むという大胆なリワイヤリングの手法を死に至るまで緩めなかったのです。その結果として、彼女のメゾンは生命力の枯渇しない老舗となり、本人の亡くなった後にも彼女の作品は時代を超えて「定番」となっています。ベンチャーから老舗へ、アバンギャルドから停滞そして忘却へ、２人の出発点は似ていても、それぞれの着地点は著しく異なっていたのです。

5章

2つの図でシャネルのネットワーク戦略を理解する

最後のまとめとして、シャネルのネットワーク戦略について改めて全体を振り返ってみましょう。

実利性と精神性のバランス

左の図は、シャネルのネットワークを、2つの観点「実利性」と「精神性」によって表わしたものです（丸で囲った黒のハートマークがシャネルの愛人、黒丸［男性］と白丸［女性］はそれ以外の友人・知人です）。

横軸は直接シャネルに利益をもたらした「実利性」を表わしています。資金援助してくれた人、顧客や有力者を紹介してくれた人など、おもにビジネス上や人生を有利に生きていく上でメリットをもたらした人ほど右側に位置しています。

もう一方の縦軸は「精神性」を表しています。辛いときに励ましてくれたり、新たな視点、生き方の指針を与えてくれた人たちです。シャネルの思想、哲学に影響を与えた人物と言ってもよいでしょう。作家や音楽家、画家といった芸術家はその顕著な例です。

シャネル・ネットワークの実利性と精神性の分布

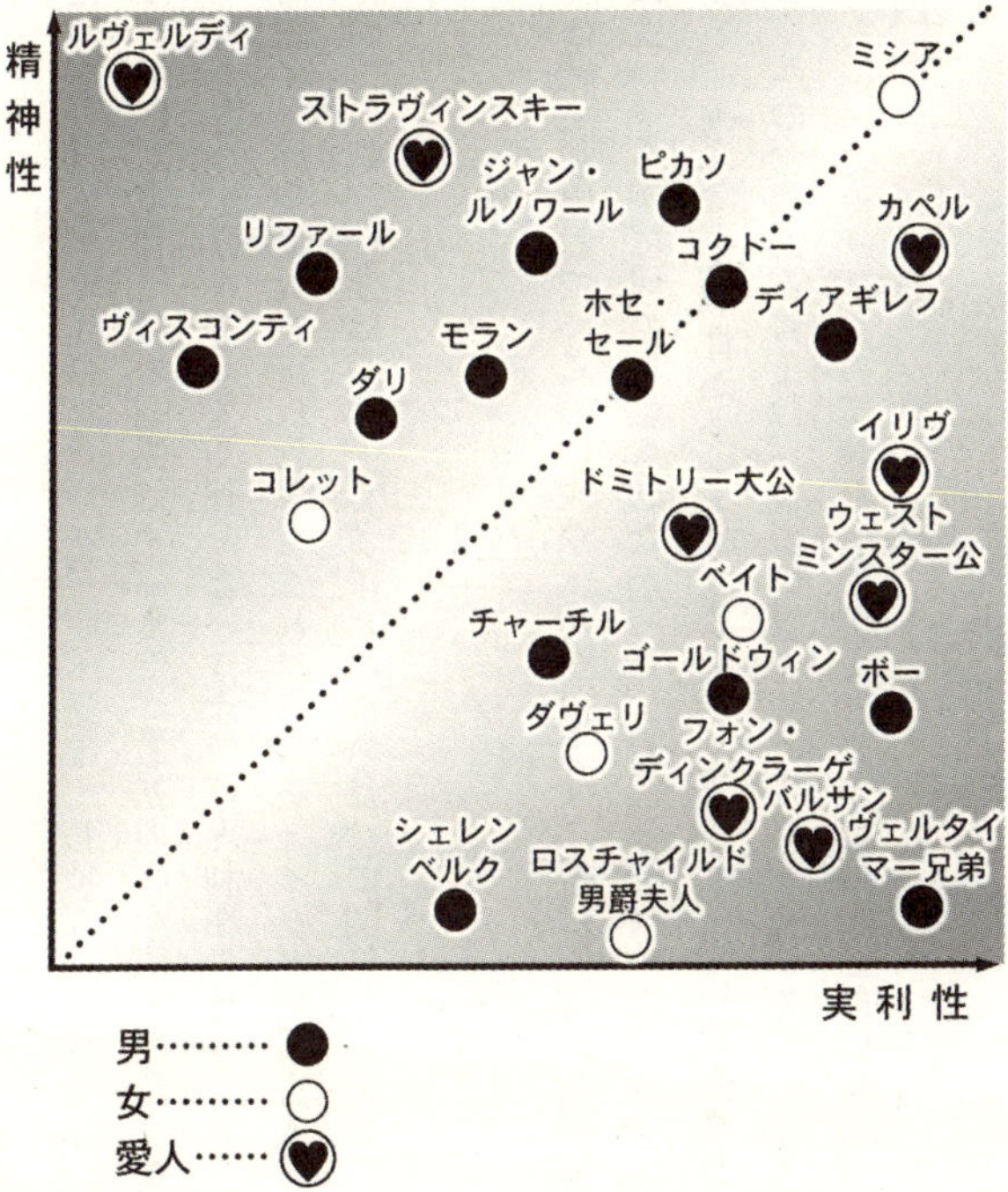

●実利性

実利性の最たるものはユダヤ人のヴェルタイマー兄弟でしょう。カネで争い、最後はカネで結びついた、まさに実利だけの関係です。また、最初の店を出す場所を提供してくれた愛人のバルサンもきっかけを作ってくれたという点で、実利性の比率が非常に高いといえます。有力な顧客を数多く引き連れてきてくれたロスチャイルド男爵夫人も、尊敬や信頼といった精神面での結びつきは弱く、まさにビジネスだけの関係といえるでしょう。

●精神性

逆に、精神性の軸で突出しているのはルヴェルディです。彼は実利性とは無縁の貧乏詩人で、金銭的にはシャネルに何の貢献もしなかった。むしろ経済的にはシャネルが一方的に助けていました。唯一、実利性があったとすればシャネルが書いたとされる箴言集です。数々のシャネルの含蓄ある言葉は、彼の影響を強く受け、彼の添削によるものが多かったようです。とはいえシャネルの辛辣な名言がまとまった形で世に広まったのは、彼女の死後のことです。

●カペル、ミシアは両方を兼ね備えていた

この図で右上に位置するのが、実利性と精神性の両方を兼ね備えた人物です。シャネルの人生を通して、もっとも存在感が大きかった一人は、やはりボーイ・カペルでしょう。高い教養があり、早くからシャネルにデザイナー、ビジネスウーマンとしての優れた資質があることを見抜き、物質面、精神面の両方で彼女を支えました。彼の存在がなければ、クチュリエとしての成功はありえなかったでしょう。

もうひとり、愛人ではなかった人物で重要なのはミシア・セールです。彼女は価値観を共有できる友人であり、また数多くの重要人物を紹介してくれるネットワークの「ハブ」でした。カペル亡き後の最重要人物であり、彼女がいなければ、シャネルの名声はここまで高まることはなかったと考えられます。

●ネットワークにおける重要度は知名度とは関係ない

ミシアや、とくにルヴェルディとの関係を見ればわかりますが、シャネルは、ただ有名人や成功者とだけつながっていたわけではありません。

むしろ、富や名声によらないつながりこそ必要としていたのではないでしょうか。貴族など上流階級の客やファッションの世界はある意味で虚飾性の塊です。孤児院や寄宿学校での慎ましやかな価値観で育てられたシャネルにとっては、もともと違和感のある世界だったはずです。

芸術文化にしてもキワモノ的な人物もいただろうし、ウェストミンスター公爵も、つきあっていたときは恋で盲目になっていましたが、その地位や財産の割に薄っぺらで俗物的な人物だったようです。

そういう意味で、多くの金持ちや芸術家たちに見られる俗物性がひとかけらもなかったルヴェルディは、彼女のまわりでは希有《けう》な存在でした。精神のバランスをとる上で、著しく大切な役割を果たしています。

もちろん、ルヴェルディがそうであったように、精神性だけで生きていくことはできません。しかし、実利性だけでも長期的には成功できません。一時的に大儲けできてもやがて自滅してしまう。ある意味で、時代に迎合して表面的な「受け」を狙いすぎた晩年のコクトーがそうであったように、成功しても麻薬に溺れてしまう人、精神を病み自ら命を絶ってしまう人も珍しくはありません。

シャネルには、ビジネスで成功してやろうという実利的な野心や行動があり、同時に自分のスタイルを貫き、さらに磨き上げようとする精神的な強い希求心がありました。彼女の頭の中では、実利性と精神性の間で絶妙のバランスがとれていたのです。

そして、そのバランスは彼女のネットワーク構築にも見事に現れています。ダイナミックレンジが極端に広いネットワークへの俊敏なアクセスこそ、シャネルにとって他の追随を許さない強みだったのです。

●自分のネットワークのバランスを調べてみる

さて、読者の皆さんも、自分のネットワークがどの程度、実利性と精神性のバランスがとれているか調べてみてはどうでしょうか。方法は、先の図と同じように、紙に実利性と精神性の軸を書き、周囲の人たち（親兄弟、友人、知人、配偶者など）を配置していきます。

この作業は、実際の知人ではなく、影響を受けた作家や歴史上の人物など、本から取ってきてやってみてもおもしろいでしょう。

紙に書き出すことで、自分の実利面（ビジネスの能力）と精神面（思想、哲学）の両面が俯瞰《ふかん》できます。まわりの人が自分をどういった側面で支えてくれているかもよくわかります。と同時に、自分に欠けている要素が一目瞭然になるでしょう。自分が実利性に偏っているなら、精神性に良い影響を与えてくれそうな人に会ってみる、本を読んでみる。逆に、精神面に偏っているなら、お金を稼ぐ能力に欠けている可能性がありますから、そちらの方面に力を入れてみる。

こうした作業を繰り返すことでバランスのとれた、つまり長期的に充実した人生を送る手助けになるはずです。

国境を股にかけた交際範囲（口絵参照）

シャネルは生涯を通してさまざまな国籍、民族の人たちとつきあいました。口絵の図は、彼女のネットワークを出身国、民族別に分けた図です（位置関係はヨーロッパの地図を模しています）。

●交際相手が各国に散らばっている

シャネルはフランス人だったにもかかわらず、フランス系の愛人はほとんどいません。

恋愛に関してはむしろ、同国人との交際を避けているようにも見えます。生涯を通じて最愛のボーイ・カペルは英国系ですし、第一次世界大戦後はストラヴィンスキーやドミトリー大公などロシア系の影響を強く受けています。このことは、孤児院出身という出自を探られたくなかったということとも関係しているでしょうし、外国人との方がフランクにつきあえるという心理も働いたのかもしれません。

純粋なフランス人と言えるのは、バルサンとルヴェルディぐらい。バルサンは最初の愛人ですし、ルヴェルディは極端な精神性に見られるように、他の愛人にくらべると著しく特殊な存在です。バルサンはブルジョワ出身、ルヴェルディはシャネルと同じ労働者階級出身です。2人とも貴族ではありません。

イラストレーターのポール・イリブはフランス育ちでしたが、両親ともバスク人のため、スペインなまりのフランス語を話しましたし、それ以上に性格や生き方がアウトサイダー的な男でした。

パリは国際都市ではありましたが、単純にパリにいるだけでこれだけの幅広い国籍、民族の人とつきあえるわけではありません。彼女は意識的に交際範囲を広げていったはずです。

●職種もバラエティーに富んでいる

また、彼女の交際相手には同業者がほとんどいないのも特徴です。たいていの人は、交際相手を同じ業界、近しい関係の中から見つけがちです。これは、互いに似通った環境や価値観で生きているのでつきあいやすいというメリットがあります。しかしシャネルはそうした傾向がなく、貧乏詩人から世界有数の大富豪まで、実に多種多様な人物と交際しています。

ネットワーク論の観点から見ますと、同国人や同業者との交際は「近所づきあい」に陥りやすく、外国人や畑違いの人との交際は「遠距離交際」つまりリワイヤリングの効果が大きいのです。シャネルはそれを肌で知っていました。

中世ドイツにルーツを持つユダヤ系のロスチャイルド家が、19世紀以降、リスク分散のためドイツ、オーストリア、イギリス、フランス、イタリアの各国に子息を送り込んで一族のビジネスを振り分けたように、シャネルはさまざまな国の男性を自分の恋人にしました。ユダヤ人の思考方法を擬似的に真似ていたのかもしれません。子供を持てなかったので、血縁としてのリスクヘッジはできなかったけれども、愛人を次々に乗り換えることで、元愛人の数を増やしていく。しかも愛人関係の方が、ロスチャイルド家の方法よりも即効性がある。少々下品な言い方をすれば、肉体を担保にしたヘッジファンドです。ここで、大切なのは先にコラムにも書きましたが、別れても友人関係を維持できるかどうかです。シャネルの場合、過去の恋愛が複利の貯金のように積み重なり、加速度的に利益をもたらしているのです。

先ほどの精神性と実利性の図と同じように、自分のネットワークを、国別、コミュニティ別、業種別に書き出すことで、欠けている部分がわかります。ネットワーク論にいう「構造的な溝」です。そして、遠距離交際にあたる知人、友人と連絡を取ってみる、あるいは新規開拓してみると思いもよらなかった新たな情報が手に入り、人生がより良い方向に展開する可能性が開かれるのではないでしょうか。

●リワイヤリングは恋愛に限らない

シャネルの場合は、華麗な恋愛遍歴から男女関係に目が行きがちですが、もちろんリワイヤリングは恋愛に限定されるものではありません。

むしろ恋愛関係はディープになりすぎて弊害も多い。恋愛にのめり込むことで人生を棒に振ってしまう可能性もあります。相手がストーカーになればその対処だけで時間と労力を（そして最悪の場合は命まで）とられてしまう。

むしろ、単純にビジネスで成功したい、人生を充実させたいという目的の場合は、恋愛でやみくもにリワイヤリングすることは避けた方が無難かもしれません。

大切なのは、知人、友人と戦略的につながることであり、お互いの信頼関係（ソーシャル・キャピタル）を深めることです。

注意深く観察すれば、シャネルにとってのミシアのような、生涯の友人であり人生を充実させることに役立つ人物が、きっとあなたのまわりにも見つけられるはずです。

●自分の人生を振り返って「戦略」を見出す

研究者の私から見ると、著しい戦略性が感じられるシャネルのネットワークですが、本人はその時々に本能にしたがって行動していただけのことかもしれません。

過去のシャネルに会い、「ずいぶん戦略的にネットワークを作っていますね」と賞賛しても、本人は「何を言っているの？　私は好きになった人とつきあっているだけよ」と答える可能性も少なくないでしょう。

本人は、さほど意識せずにやっている。そういった意味では、他の追随を許さないネットワークの構築者として、天才の天才たる所以《ゆえん》と言えるかもしれません。

しかし、それでもシャネルには戦略性があったと私は考えます。

普通、戦略というのは未来に向かってのプランを立ててその通りにやっていく方法のことを言いますが、アメリカの組織論者、カール・ワイクは、「戦略を定式化するのは、それを実施した後であって、前ではない。人は何かをやってはじめて、それを振り返ることができ、自分がやったことを戦略と結論づけるのである」と述べています。つまり起こってしまった行為の連鎖からなる過去を振り返ってみて初めてわかる意味づけ（回顧的なセンス・メーキング）が大切なのです。

その時点では意味がわからなくてもしばらく後に状況を回顧してみることで、真の意味がわかる。これが戦略性の極意であり、リアルな戦略性だというのです。

シャネルも自分の行動を振り返り、そこに戦略性を見つけ、次につなげていった。むしろ、行動を起こして、その結果に何らかの意味を見出していくことこそが重要なのです。最初は歌手を目指していたけれども、経験を積んで、自分が好きなこと、やりたいことと、人が評価することは違うと悟る。それでは、自分がもっとも高く評価されたところ、つまり帽子や服のデザインで頑張ってみようと。これは立派に回顧的な進化戦略です。過去の成功も失敗も、すべては戦略として活用することができる。まさにシャネルの生き方はこの考え方を体現しているのではないでしょうか。

シャネルの恋愛戦略（5）

同性愛者とは危険なく友情をはぐくむことができる？

「男女間の友情は成立するか」という不朽の問いがあるぐらい、異性間の関係には複雑な要素が、多かれ少なかれ入り込んできます。

その点、シャネルにとって利用のしがいがあったのは、男性の同性愛者でした。ディアギレフやコクトー、リファールをはじめ、彼女にはゲイの友人が多かった。彼らとは安心してつきあえる。普通の男性と違い、面倒くさい恋愛関係に陥る心配がなく、純粋な友情関係が継続しやすい。

さらに、同性愛者のネットワークを利用できたメリットもあるでしょう。マイノリティは、比較的強い信頼関係に基づいた独特のネットワークを持っていることが多いからです。とくに芸術家やファッションの世界では同性愛者のネットワークが広く根付いていると言われています。

シャネルはそのネットワークに異性として（つまり恋愛が絡まない形で）つながることができました。

反対に、女性との性的関係が噂になったことがあります。後年、シャネルは自分の店のマヌカンであったスージー・パーカーがお気に入りで、できていたとも噂されています。スージーは今見ても圧倒的な美人ですね。彼女はある男性とつきあって妊娠し、シャネルには告げずに結婚するのですが、それを知らされたシャネルは激怒し、彼女をすぐクビにしてしまいました。

最近はゲイバーに通う女性も多いようですが。恋愛が絡まず異性と交流できる安心感と自分のまわりにはない「遠距離交際」を楽しんでいるようにも見えます。

もっとも、男女ともいける両刀のゲイも多いので一概には言えませんが（笑）。

あとがき

世の中には、好き嫌いに関係なく、心臓が引きつるほど興味深い人生を送った人がいるものだ。ココ・シャネルもそのひとりだろう。ファッションに関心がない人でも、彼女の人生の経過を辿っていくだけで興味がそそられるはずだ。だが、その出世物語には単なる努力や才能を超えた確固たるメソッドがあった。

多くのシャネルに関する本の中で、本書が際立つのは、彼女のそうしたメソッドを、最新のネットワーク理論を用いて整理し、わかりやすく解説していることである。この点で、類書はほとんどない。世界で最も有名なクチュリエの胸躍る人生遍歴を素材に、その華麗な人脈ネットワークの背後にある優れた原則を、図解入りで丁寧に論じたのがこの本の特徴である。

女性の職業といえば、歌手か高級娼婦ぐらいしかなかった19世紀末のフランス。労働者階級の娘として生まれ、孤児院で育ったココ・シャネルが、なぜ一代で、今日知られる超一流のファッションブランドを築くことができたのか。時代を代表する貴族や芸術家を次々と愛人にしながら、愛欲に溺れるどころか、彼らとの交際でヒントを得た新素材やデ

ザインを服飾に応用して市場を開拓し、普遍的なビジネススタイルを確立していった女性企業家。ビートルズが音楽と若者の生き方を根本から変えたように、女性のファッションと生き方を永遠に変えてしまった偉大なクチュリエ。なぜこうした偉業が、田舎育ちの無学な女性に可能だったのか。

これらの問いに対する答えは、本書を読み終えた読者には自明のことであろう。ココ・シャネルは傑出したネットワーク能力を駆使して、自分一人の限界をぶち破り、未知の可能性に対して常に開かれた人生そのものを歩んだ。その道程で、人の優れた考えや利用できるものは即座に取り入れ、仕事に、自分の生き方に反映させた。変わり身は早かったが、妹と叔母、親友ミシアなど少数の人とは生涯親密な関係を保った。また、別れた愛人やその伴侶とも、末長い友情を育むことを怠らなかった。

ネットワーク論の言葉でいい直せば、彼女は近所づきあいと遠距離交際の絶妙なバランスを取りながら、常にリワイヤリングを仕掛け、新たな可能性を探ってビジネスチャンスを広げることを最期までやめなかった。その結果、一見破天荒とも思える人生航路にもかかわらず、公私両面でコア・コンピタンス（中核能力）を保ちつつ、欠けている部分を補いながら、凄まじい成功と繁栄の道を歩み続けることができた。シャネルはファッションだけでなく、ネットワークの革命家だった。

利用資源が限られるなか、近所づきあいと遠距離交際のバランスを取り、巧みなリワイヤリングで繁栄と成功をもたらす仕組みについては、すでに組織論的な研究がなされている。

一橋大学の同僚、中馬宏之教授の実証研究によると、この十数年間、急速に国際競争力を落とした日本の半導体メーカーは、その研究開発活動において著しく「内向き」で「離れ小島」化している。他方、世界のトップ企業、インテルは社内の活動だけでなく、ネットワークを介した外の研究者との情報交換も盛んで、世界の最新情報がすぐ社内に伝わり活かされる仕組みができているという。また、近年、成長著しい韓国や台湾の競合企業もインテル型の情報伝達の仕組みに転化してきているというのだ。

私の近著『遠距離交際と近所づきあい』（NTT出版、2007年）と『ネットワーク思考のすすめ』（東洋経済新報社、2009年）では、中国の温州商人ネットワーク、自動車部品のサプライチェーン、政府調達の改革など、一見異なる組織間関係の背後に共通する情報伝達のメカニズムを、最新のネットワーク理論を用いて解説した。

新しいものの見方は、新たな問題を掘り起こす。これらの著作の出版後、講演に招かれる機会が増えた。その際、サイエンスではなくアートで、あるいはハウツーでもよいので「一個人」の立場から、最新のネットワーク理論の研究成果を応用するとどうなるのか、わかりやすく解説して欲しいというリクエストをよく頂いた。組織ではなく、個人の立場から見える世界の見取り図と対処法の方が身近に感じられるし、皆一番それを知りたいのではないか、と。

その要望に応えようとしたのが本書である。サイエンスではないが、飛びっきりのエンターテインメント性を備えた読み物にするように努めた。

とはいえ、学者には学者の限界がある。前提や手続き論が多くて読むに堪えないものを書く習性があるからだ。職業病ともいえよう。きちんと手続きを踏まないとこの業界では生きていけない。だから煩瑣な説明となる。学者も苦労が多いのだ。

そうはいっても、世間にとって迷惑千万なことは間違いないから、ひと工夫することにした。つまり、本のアイデア、内容、構成はそのままに、記述の仕方を変えるのだ。本質は失わずに、やさしく、わかりやすく、読んで楽しいものを創り上げる。

幸いなことに、この要件にピッタリの逸材と出会った。私への別件の取材で知り合ったフリーランス・ジャーナリストの小口覺さんだ。良い仕事をする人だと思った。

話はとんとん拍子に進んだ。そして、念入りに準備した上で、私が数時間ずつ5回に分けて口述し、録音起こしを彼にまとめてもらい、私が徹底的に推敲した上で本にすることに決まった。だが、実際仕事を始めてみると、小口さんとの対話から次々に新しい知が生まれ、意想外に豊かな結果となった。その意味で本書は共著に近い。この仕事を愉悦とともに共体験できた彼に、改めて感謝したい。

こうしたコラボレーションが上手くいくカギは、技量面だけでなく、同じ価値観や関心を共有できるかどうかにかかっている。百戦錬磨で該博な知識を持つ小口さんは、この点で申し分なかった。だいたいが、ココ・シャネルのネットワーク戦略に関する本を書くというアイデア自体、昨夏の電話による彼との何気ない会話から生まれている。

小口さんには見事な下ごしらえをして頂いたので、もし本書に何か咎《とが》があったとしたら、ひとえに私の責任である。

また、学務の都合で、数ヵ月遅れた出版日程を辛抱強く見守って頂いた祥伝社黄金文庫の吉田浩行編集長にも謝意を申し述べたい。数年遅れることも珍しくない学術出版界に馴染んでいた私にとってよい勉強になった。

最後に、本書の参考資料について触れておこう。本文でも指摘したように、ココ・シャネルに関する出版物は多数ある。その中から厳選した20数冊を徹底的に読み込んで参考にした。

歴史上、最も有名なクチュリエの波瀾万丈の生涯を追うことは、それだけで大変興味深い作業だった。とはいえ、既存書の孫引きが目立ち、事実関係の検証がはなはだ不十分な著作が多いことにも驚かされた。さらに、ネットワーク分析の観点から、ココ・シャネルが出会った主要な人物との関係やその影響について、正確に調べ上げて体系的に論じたものはほとんどなく、多数の文献のあちこちに散乱する情報の断片を拾い集めてはジグソーパズルのように丹念に組み立てていく作業は骨が折れた。その一方で、ウェブ情報の大多数は信憑性に問題があったため、初期の探索を除くとほとんど参考にしなかった。

例外は三件ある。第一は、ヴォーグ誌の元編集長、エドモンド・シャルル＝ルー著の『ココ・アヴァン・シャネル（上・下）』（ハヤカワ文庫、２００９年）である。参照した邦訳では、原資料の出所の記述はないが、シャネルの出生データをはじめとする各種の膨大な証拠を、丹念に調べ上げた痕跡が認められ、数多い類書の中で、最も信頼性の高い著作のひとつと判断された。

また、自身がゴンクール賞作家であることに由来するその息をもつかせぬ筆致の冴えと構成の巧みさは群を抜いており、研究目的とはいえ、同じ箇所を読み返すたびに感銘を受け、読書の愉悦を存分に味わった。

邦訳はないが、もう一冊は Axel Madsen による *Coco Chanel: A Biography* (Bloomsbury 1990/paperback 2009) である。デンマーク生まれのパリ育ちで、北米で活躍し２００７年にロサンゼルスで亡くなった著者は、グレタ・ガルボ、イヴ・サン・ローランをはじめ、サルトルやボーヴォワールの伝記も著している伝記作家で、その徹底した実証的記述で知られる。参照資料の該当頁を克明に記した巻末の出所ノートと索引は圧巻であり、プロ用途に十分使えた。

最後の一冊は、本書の初校ゲラをチェックしている最中に米国で発刊された Hal Vaughan による *Sleeping with the Enemy: Coco Chanel's Secret War* (Knopf 2011) である。近年解禁された膨大な極秘文書等を克明に調べ上げて書かれた労作で、タイトルが示すように、これまで厚いベールに包まれていた第二次世界大戦中のシャネルの行動を徹底的に洗い出した驚くべき記述に溢れている。すぐ取り寄せ、時間がタイトな中、隅々まで精読し、最終ゲラに活かした。

本書は、私が日頃行っている組織論、ネットワーク論の研究から落ち穂のように生まれ出た作品であり、トピックの性質上、学問的な厳密さは追求していない。とはいえ、単なる娯楽性を超えて、読者がものの見方を整理し人生選択を再考する際に一助となれば幸いである。

２０１１年９月吉日　一橋大学の研究室にて

西口敏宏

本書は、祥伝社黄金文庫のために書き下ろされました。

祥伝社黄金文庫

ココ・シャネルの「ネットワーク」戦略《せんりゃく》

平成23年10月20日　初版第1刷発行

著　者　西口敏宏《にしぐちとしひろ》
発行者　竹内和芳
発行所　祥伝社《しょうでんしゃ》
〒101－8701
東京都千代田区神田神保町3－3
電話　03（3265）2084（編集部）
電話　03（3265）2081（販売部）
電話　03（3265）3622（業務部）
http://www.shodensha.co.jp/
印刷所　萩原印刷
製本所　積信堂

Printed in Japan　© 2011, Toshihiro Nishiguchi　ISBN978-4-396-31553-5 C0195

祥伝社黄金文庫

片山　修
トヨタはいかにして「最強の社員」をつくったか
〝人をつくらなければ、モノづくりは始まらない！〟トヨタの人事制度に着目し、トヨタの強さの秘密を解析。

日下公人《きみんど》
「道徳」という土なくして「経済」の花は咲かず
日本の底力は、道徳力によって作り上げた「相互信頼社会」の土台にある。この土壌があれば、経済発展はたやすい。

小石雄一
「人脈づくり」の達人
〈人脈地図の作り方〉〈電子メール時代のお返事作法〉〈「分からない」と言える人に情報は流れる〉等。

酒巻　久
キヤノンの仕事術
仕事に取り組む上で、もっとも大切なことは何か——本書には〝キヤノンの成長の秘密〟が詰まっています。

渡部昇一
学ぶためのヒント
いい習慣をつけないと、悪い習慣がつく——。若い人たちに贈る「知的生活の方法」。

和田秀樹
頭をよくするちょっとした「習慣術」
「ちょっとした習慣」で能力を伸ばせ！「良い習慣を身につけることが学習進歩の王道」と渡部昇一氏も激賞。